KUWEI
酷威文化
图书 影视

THE
MINTO
PYRAMID
PRINCIPLE

金字塔原理

吴峥 著

江苏凤凰文艺出版社
JIANGSU PHOENIX LITERATURE AND
ART PUBLISHING

目 录

C O N T E N T S

引言：登顶金字塔，见证成长

“我真傻！当时怎么没有想到这么说呢？”正在向朋友大吐苦水的郑迪突然灵光乍现，接着懊恼得直捶桌子，要是下午开会的时候用上刚刚想到的话术，肯定能和销售部咄咄逼人的业务员战得旗鼓相当，绝不至于被他们的问题牵着鼻子走，最后落得哑口无言。唉，当时怎么就没想到呢？

每个人都希望自己和别人进行交流的时候，能够信手拈来、滔滔不绝，甚至希望自己像个武林高手，轻轻松松挡下所有飞来的唇枪舌剑，潇洒地赢下每场辩论。然而现实往往没有那么美好，大部分人经常遇到的情况是，脑子里有一堆想法，不知道怎么理顺；肚子里有一车话，不知道怎么清清楚楚地告诉别人。

沟通是每个社会人必备的技能，看似人人都会，实则只有少数人精通。

表达与沟通的形式多种多样，有口头、书面、影像等，反映在具体工作上，小到一张备忘单，大到项目报告、汇报演示，虽然规模与形式各不相同，但是需要的能力却是相似的。我知道许多人有这方面的困扰，私下里无拘无束地聊天不成问题，但要把自己的观点系统、完整地梳理出来，条理清晰地讲给别人听或写成文章，却只能抓耳挠腮，不知道从何入手。其实他们脑子里也不是空空如也，大多数时候有自己的看法和判断，例如对于公司流程上的不足有自己的建议、对于新开发的业务领域有独到的认识，他们并不需要把“高大上”的概念、流行的新词汇灌进脑袋，而需要一套帮他们梳理思想、表达自己的方法。

率先提出“金字塔原理”的麦肯锡咨询顾问芭芭拉·明托说，她一眼就能看出一篇文章是否条理清晰，因为条理清楚的文章都具有金字塔结构。

形象地说，在建造房屋的时候，需要先规划好框架，有了框架做基础，才能砌墙、开门窗、布置管线，最终建成一栋完整的房子。表达也是同理，假如你想要写一篇文章，下笔之前就得先规划文章的框架：文章的主题是什么，分成几个部分，各部分之间是什么关系……我们都上过作文课，有的人甚至专门接受过写作训练，在各式各样的写作练习中我们学到过很多技巧，例如怎样修辞、怎样开头收尾，但是几乎没人教过我们应该怎样打造框架，以便准确地传递思想。

文章的框架——也就是文章的结构——是由一个又一个句子组成的。如果把文章看作棋局，句子就是我们手中的棋子，用不同的方式排兵布阵得到的“战果”完全不同。经过长期有意无意的积累，我们的写作风格或许已经定型，但是建造框架的技巧却是什么时候学都不嫌晚。这本书介绍的金字塔原理，是一种系统、科学、有效的方法，可以帮助我们解决思维结构的问题——不仅是文章结构更是思想结构。通过这种方法，我们不仅可以学会更流畅地表达沟通，还能获得很多其他的启发。

金字塔原理是麦肯锡公司重要的培训工具，在提升管理层和普通员工的职业素养方面发挥着重要作用。金字塔原理重视建立结构化的逻辑思维，以及将思考、沟通、表达的步骤规范化，在训练思维、表达沟通、文章写作、解决问题、演讲展示等领域有着广泛的应用前景。学习金字塔原理，可以帮助我们：

提升思维能力。学会结构化思考，轻松构建出思维导图，让思考快速、全面、准确。

提高沟通能力。无论书面表达还是口头表达，都能切中受众的需求点、关注点、利益点，从而高效沟通、精准沟通。

提高工作能力。管理下属时，能够合理安排任务，避免重复、遗漏；汇报工作时，重点突出，条理清晰，能够紧扣领导意图。

在接下来的内容中，我们将从原理和应用两大方面介绍何为金字塔原理、它有哪些具体作用以及如何应用。大家可以尝试将书中的知识运用到工作中，解决那些困扰你的“老大难”问题，在学习中见证自己的成长。

第一部分

原理篇

工欲善其事，必先利其器，金字塔原理可以帮助我们解决思考、表达、沟通、展示等方面的问题，是一把不折不扣的“利刃”。要想让这把“利刃”听从自己的调遣，需要先下一番打磨的功夫。

回想一下以往学习新知识、新技能的经验，我们很容易发现，要想彻底掌握某个领域的知识，必须要把相关的原理搞懂、吃透。对于金字塔原理来说也是如此。本书的第一部分，将带领大家熟悉金字塔原理的规则、特点等基础理论。你可以把自己想象成一名剑客，学习这一部分内容，相当于在运用金字塔原理的“利刃”之前，先跟着“武功秘籍”学会“剑法”。

第一章

说不对，做不对，根源在于想不对

在我们平静的日常生活中，并不乏优秀的个体。学生时代有“德智体美劳”样样出色的学霸同学，工作后有独当一面、沉着能干的同事，偶尔做个短途旅行也会碰到思维清晰、谈吐幽默的陌生旅伴。他们就像漆黑夜空里的星辰一样闪着光，是平静的幕布上热闹的装点。他们让人欣赏、佩服的同时，也让人羡慕和心生疑惑：他们的优秀从何而来？

正如托尔斯泰所说的“幸福的家庭都是相似的，不幸的家庭各有各的不幸”，如果沉下心来想想上述问题，不难得出类似的答案：优秀的人往往具有相似的品质，其中最关键的在于他们的思维。很多时候“怎么想”比“拼命做”重要得多，甚至会在关键时刻发挥决定性作用。

然而现实中，很多人并不知道应该如何去“想”，甚至不知道自己的“想”已经陷入了误区。他们经常把不顺利归结到时运不济、客观条件制约等因素上，而忽略了自身的原因。本章我们将从“怎么想”入手展开讨论，看看思维上的问题如何影响我们的行为，并看一下金字塔原理将如何帮助我们解决这些问题。

◇ 第一节 一切行为源于思维

思维是人类所具有的一种高级别的认识活动。我们能看懂一篇文章、听懂一首歌曲、理解一个复杂的概念、解决一个麻烦的问题，归根结底都是思维在发挥作用。我们的思维决定了我们的行为，而所有的行为连缀起来定义了我们呈现出来的个人投影。叔本华曾说过："人人都把自己视野的极限当作世界的极限。"此处的视野当然不是我们的双眼所能看到的范围，而是我们思维的触角所能延伸到的最远的距离。

在遇到问题的时候，我们需要事实性知识帮忙，告诉我们这是一个什么样的问题、需要用什么手段解决。能这样做的前提是我们刚好知道解决问题所需的事实性知识。但是我们无法杜绝面临未知领域、未知问题的情况，事实性知识的储备并不能保证我们可以百分之百地解决遇到的所有问题。此时，思维的重要性便凸显出来了。

可以毫不夸张地说，思维的高度决定人生的高度，怎样思考决定了我们成为怎样的人。在如今这个知识大爆炸的时代，每个学科的知识都以越来越快的速度更新换代，从我们走出校门的那一刻起，我们所学的知识就正在被淘汰。客观现实决定了完全掌握某个学科的所有知识已经成了不可能完成的任务。知识会过时，但是优秀的思考能力却不会。这些能力就像“授人以鱼，不如授人以渔”中的“渔”，具有强大的适应性和可迁移性，能让我们在瞬息万变的时代迅速适应变化的环境，施展自己的能力，解决新的问题。

然而，并不是所有的人都能随时调动足够的思考能力解决问题。我们常常能见到有人抱怨，自己一看到成堆的文件就头大，理不出头绪；还有人表示自己一发言就蒙，怎么也说不清楚；也有人表示自己已经努力写出了所有关键信息，也有条理地进行了整理，可阅读的人依然抓不到重点……想不清、说不清、写不清，根本原因都是思维不清晰。有人自暴自弃地把这种情况归结为自己缺乏天赋，真的是这样吗？

哥伦比亚大学教育学院教授詹姆斯·莫赛尔（James Mursell）指出：“人们无法学会更优秀的思想，或将这样的思想传授给他人——这种观点是懒惰的借口，思维永远垂青那些在工作面前勤于思考的人。”思维的能力并不是天生不变的，它可以后天习得，可以通过锻炼加强。

思维不清晰有不同的表现，有时候当事人能清楚地意识到自己思维混乱，因而感到苦恼；有时候当事人则自认为思维有条理，却总在交流中遭遇挫折，因而感到困惑。我们来看一个事例。

林青是李教授的助手，日常负责李教授的行程安排。她正在就下周的行程安排给李教授写邮件。她这样写道："周一有一场专业会议需要出席；周三之前需要和学生修订实验报告；×× 参观团在本地停留到周四，离开之前需要和您进行一次交流，综合考虑建议您周三接待他们；×× 企业邀请您去演讲，并希望避开公司召开例会的周五……"

林青的朋友刘文碰巧看到了邮件，摇了摇头提出了自己的意见。林青根据刘文的意见修改了邮件："建议您如下安排下周的行程：周一出席专业会议；周二和学生修订实验报告；周三接待 ×× 参观团；周四前往 ×× 企业做演讲。这样您可以在周三的截止日之前修改好实验报告，并且在参观团离开之前完成和他们的会面，还可以避开 ×× 企业周五的例会时间举办演讲。"

林青一开始的邮件已经包含了所有需要注意的信息，并且按照不同的对象一一罗列，似乎很有条理，我们很多人会认为这就是一种清晰的思维顺序，在表述相同或相似类型的信息时也会采取这种写法。但是，刘文看到以后却提出了不同意见，这是为什么呢？看了修改后的邮件，我们能发现，林青将行程安排结果放到了首位，写完所有的安排以后才逐一给出如此安排的原因。从读者的角度来看，读原始邮件时需要一边看一边回想上一条信息，相邻的两条信息虽然相互影响但并没有清晰的逻辑关系，因此不容易形成清晰的思路；读修改后的邮件时，一开头就看到了最重要的信息，读完最重要的信息之后读者会思考为何如此安排，于是紧接着就给出了原因，前后两部分之间有清晰的逻辑链条，而且最需要传达给读者的内容——行程安排结果——在最开始便输给了读者。这种顺序和我们的大脑理解事物的顺序是一致的。对于读者来说，最容易理解的文章都是以这样的顺序谋篇布局的：最重要的、最核心的观点放在最前面，次要的、支撑主要观点的内容放在后面。核心观点往往只有一个，但是作为支撑的次要观点会有多个。

像林青的第一封邮件一样，诸如此类的思维陷阱还有很多，它们让我们的表达看似有条理实质上却十分混乱，对于读者或听众来说难以理解。幸好思维能力是可以学习和培养的，一个简单、有效的梳理思路的方法就是把思维整理成金字塔结构。林青修改后的邮件便应用了金字塔结构。将核心观点放在最前面，是金字塔原理的基本规则之一——以上统下，即上一层次的观点和思想是下一层次的统帅，下一层次的观点和思想是上一层次的支撑，由此形成一个下大上小的稳固的金字塔结构。我们的思维便在这样的结构中变得清晰起来。

◇ 第二节 别让沟通变成添堵

人本主义心理学先驱、个体心理学的创始人阿尔弗雷德·阿德勒（Alfred Adler）曾经提出过一个观点：一切烦恼都是人际关系的烦恼。阿德勒指出“个体”没有办法脱离社会关系而存在。只要置身于社会关系之中，就会有沟通的需求。

在现代社会中，沟通无处不在、无时不在，即使是少言寡语的人也无法完全避免和他人沟通的场合。有沟通，就有误解和摩擦，它们几乎是相伴而生的孪生兄弟。沟通不畅会给我们带来很多麻烦，有时候甚至会把我们的生活搅得一团糟。马丁·塞利格曼（Martin Seligman）是美国著名的心理学家，被称为“积极心理学之父”，他在《持续的幸福》一书中指出人生最不容忽视的一个要素就是良好的社会关系。而良好的社会关系又赖于良性的沟通。

无论在生活中还是在工作中，我们每个人都可能是失败沟通的受害者。

赵磊和孙淼是一对夫妻，这天孙淼要出差，出发前边拿行李边叮嘱赵磊要做哪些事。

“记得按时送孩子去兴趣班，别落下课程。”孙淼边检查证件边说，赵磊点头表示记住了。

“还有，牛奶马上要喝完了，记得去买，别买错牌子。”孙淼又说，赵磊回答“好的”。

孙淼继续说：“再给孩子的班主任打个电话，谈谈这次月考的情况。”赵磊说没问题。

“对了，还要给爸妈打个电话，上次体检的报告应该出来了，问问他们结果怎么样。”孙淼拿起包又加了一条，“还有，车开回来记得充电。”赵磊表示都记下了。

孙淼又想起件事：“联系一下你堂弟，问一下，上次托他从国外帮爸妈买的保健品寄出了吗？”她开始往外走，“差点忘了，青菜也不多了，再买点新鲜的吧。”赵磊回答“行”。

“你停车的时候再看一下停车位，我看还是得报修。”孙淼出门前又叮嘱道，“这些事都记着点，别忘了。”

赵磊表示没有问题，但是一上午过去后，他就有点儿记不清孙淼到底交代了几件事了。

大家可以先思考一下，孙淼的表达方式是否存在问题，她把话都说清楚了吗？

乍一看，孙淼的话没什么问题，相似的情况在我们的日常生活中时常发生，我们的父母也是这样相处的，我们和朋友也经常这样聊天，当然，某一方忘记了另一方交代的事情也时有发生，偶尔会引发一些小的争吵或矛盾，有时严重了也会成为一段关系决裂的导火线。那么，问题出在赵磊这边吗？是不是他不上心才没记住这几件并不复杂的事情？

我们先来分析一下孙淼到底交代了几件事情。按照谈话的顺序来看，有送孩子去兴趣班、买牛奶、给孩子的班主任打电话沟通孩子月考情况、给父母打电话询问体检结果、给车充电、询问堂弟保健品是否寄出、买青菜、报修停车位，一共 8 件事。同时记忆 8 件不同的事对我们来说很难办到吗？

要回答这个疑问，就不得不提到美国心理学家乔治·米勒（George A. Miller）的一项研究成果。米勒是认知心理学的奠基者之一，以在记忆方面的研究著称，他曾经发表过一篇在短期记忆研究方面具有里程碑意义的论文。这篇论文名为《神奇的数字 7±2：人类信息加工能力的某些局限》，论文指出人类大脑的短期记忆最多可容纳的记忆项目是 7 个，这一数值在上下 2 个之间浮动，有些人可以记住 9 个，有些人只能记住 5 个。3 个是相对来说不容易被遗忘的个数，当然最不容易被遗忘的是 1 个。如果要同时记忆超过 3 个的记忆项目呢？当记忆项目达到 4 个、5 个甚至更多时，大脑会开始为它们分类，将它们归入不同的范畴，以便于记忆。如果大脑一开始接收到的信息便是按照清晰的门类排列的，无疑会减轻大脑的工作量，使它将更多精力放到记忆上去。

现在，我们可以试着给孙森说的事情进行分类，看看能不能优化需要记忆的类别。可以看到，这 8 件事中有 2 件是和孩子相关的，分别是去兴趣班和给班主任打电话，可以将它们归为一类；买牛奶和买青菜都属于购物，可以归为一类；给父母打电话和联系堂弟都是跟父母的健康情况相关的事情，可以分到一起；给车子充电和报修停车位都是与车辆相关的事情，也可以分到一起。经过这样的划分，我们得到了四个类别：

孩子的教育：去兴趣班、给班主任打电话沟通月考情况

食品采购：买牛奶、买青菜

父母的健康：询问父母体检结果、询问堂弟保健品是否寄出

车的维护：充电、报修停车位

可以看到，经过分类以后，需要记忆的项目由 8 个缩减为 4 个，一下子少了一半。而且每个类别内部的子类别之间存在关联性，只要记住其中一项，就很容易联想起另一项，这样一来遗忘的可能性就大大降低了。如果赵磊能够在孙森一件一件地说出这些事情时在脑中为它们分个类，就可以避免一个上午过去记忆就混乱的情况了。

反观孙森这边，她的失误其实也是我们在日常生活中时常会无意识犯下的。下次，在我们交代别人事情之前，不妨先在脑子里把所有的事项过一遍，分出类别，条理清楚地传达给对方。这样对方按照我们的期待完成事情的概率会大大提高。

这个在脑子里分类的过程就是利用金字塔原理整理思维的过程，细心的读者可能已经注意到了，孙森所说的事经过整理后形成了一个个小的金字塔结构，类别的标题是对该类别的总括，每个子类别项目都可以被标题概括，可以看作标题的下属分支。

看到这里，有人可能会提出疑问：上文提到的方法，我在工作中经常用到，我提交给别人的文件都会分类罗列条目，但是收到的人还是常常不能理解我要表达的重点，这又是怎么回事？

这种情况就涉及分类的深层依据，只依靠浅显的共性特征将内容分组还不够，我们还得弄清楚其中的逻辑关系。我们来看一份清单：

采购清单：

水果：菠萝

蔬菜：青椒、葱、姜、蒜、番茄、豆腐、红椒、豌豆

肉类：多宝鱼、里脊肉、虾

蛋类：鸡蛋

这份清单的分类十分清晰，但是并不能帮助我们记住所有要

买的东西，因为每个分类里的物品都没有更深层的逻辑关系，虽然只有四类，但是我们要记忆的依然是 13 种物品。再来看另一份清单：

采购清单：

虾仁烧豆腐：虾、豌豆、豆腐

菠萝咕噜肉：菠萝、里脊肉、鸡蛋、番茄、青椒、红椒

清蒸多宝鱼：多宝鱼、葱、姜、蒜

在这份清单里依然有 13 种物品，但是按照将要制成的每道菜来分类，例如我知道自己要做一道菠萝咕噜肉，购买里脊肉以后很容易想到我还需要继续购买菠萝、鸡蛋、番茄、青椒、红椒，换句话说，我不必一一记忆 13 种物品而只要记住 3 道菜的名称就可以了。

现在我们回到上面提到的疑问，有相同问题的读者可以回忆一下，你在分类的时候是否只是按照简单的类型罗列条目，而没有认真考虑各个条目之间的逻辑关系，没有依据逻辑来分类？需要注意的是，在金字塔原理中，分组并不是简单的分类，而是基于逻辑关系的整合。如果我们手上有 9 个条目，经过思维加工分成了 3 组，每组的标题能完整概括本组的内容，只要记住这 3 个分组就能得到之前 9 个条目涵盖的所有信息，这就是一个成功的分组。成功的分组能实际减少我们需要记忆的条目，对于读者来

说，可以更直观、更快捷地了解作者所要表达的观点。这个分组的过程是一个将低层次的思维抽象、升级到更高层次的过程。我们知道，越是抽象的概念，所能概括的范围越大，例如“植物”这个概念就比“树木”这个概念囊括更多的物种。

我们的思维就是在这样分组、抽象、概括的过程中，逐步将零散的信息组织起来，构建成相互关联的体系的。如果你要将自己的观点传达给他人，也就是通过沟通展示自己的体系，你可以先说出概括性的总观点，再分别列出具体条目，从上而下，从总到分地进行表达。如此一来，沟通就会顺畅很多。

◇ 第三节 解决问题还是制造问题

《晋书·羊祜传》中有一句话流传颇广："天下不如意，恒十居七八。"后人又根据它化出一句更广为人知的诗句："不如意事常八九，可与人言无二三。"无论是《晋书》的原文还是后世的诗句，都表达了同样的意思：存在问题才是人生的常态。步入职场的人应该对这句话有更深的体会，在实施一个项目的过程中，解决问题所花费的时间和精力往往占比很大，比如有人说项目经理就是解决问题的人。退一步来看，就算是不需要管理整个项目的基层员工，也时常需要面对源源不断的问题。

"如何解决问题"是很多人都在思考的课题，在这方面并不缺乏从事相关研究的专家学者，也有一些精彩的理论和方法被提出来。其中"麦肯锡解决问题七步法"被很多人奉为解决问题的"圣经"，得到了广泛应用，它的主要内容如下：

第一步，陈述问题。把需要解决的问题清晰、具体地表述出来，避免笼统地概括，也不要罗列一堆事实。这个问题指向下一步行动的重点。

第二步，分析问题。可以通过画出逻辑图表，更直观地剖析问题，罗列出相关的条件和疑问。

第三步，去掉非关键问题。这一步能帮助我们把焦点放到最核心的问题上，避免浪费精力。

第四步，制订工作计划。采取可行的手段来解决问题，不必等到所有的资料都收集齐全再行动，可以一边做一边完善或修改。

第五步，进行关键分析。不必拘泥于数字，而要以假设和目标为导向，尽量简化分析。对可能产生的困难做好准备，避免临时抱佛脚。

第六步，综合分析调查的结果，建立结论。

第七步，陈述过程。将你解决问题的来龙去脉整理清楚，形成一个逻辑清晰的体系。

在这一系列操作中，我们其实也在构建金字塔结构。第一步陈述问题，需要我们准确概括问题的性质，确定核心问题，它就是“描述问题的金字塔”顶端的核心论点。第二步分析问题，需要我们找出造成问题的相关因素，它们是金字塔结构的“地基”，经过这两个步骤，“描述问题的金字塔”已经初步成形了。第三步去掉非关键问题，通过考察逻辑关系，剔除金字塔结构中多余的部分，使整个结构更加精练、精准。经过前三步，我们已经掌握问题的全貌，“描述问题的金字塔”也已经构建完毕。从第四步开始，我们将根据“描述问题的金字塔”建造“解决问题的金字塔”。第四步制订工作计划，针对第一步找出的核心问题，提出相应的解决方案，也就是金字塔顶端的核心观点，这一步关系到整个流程的成败。第五步进行关键分析，找出影响解决方案的因素，打好“解决问题的金字塔”的“地基”。第六步综合分析以及建立结论，使用解决方案来解决问题，并评估效果。第七步陈述过程，将构建的金字塔结构以书面报告或幻灯片等形式展示出来，上司或同事看到报告就能很快理解我们制订的解决方案。

不过，正像那句流行语所说，“听过那么多道理，依然过不好这一生”，同理，知道解决问题的方法并不一定能成功执行。一个残酷而又让人无奈的现实是：阻挠我们的很多问题正是在解决问题的过程中冒出来的。而出现这种情况，往往是因为解决问题的人思路出了问题，不能把金字塔结构的优势发挥出来。

叶子在一家网络文化公司工作，是公司的人事专员。为了满足扩大网站经营规模的需要，公司近期招聘了一批新员工作为网站编辑，组织相关培训的任务落到了叶子头上。为了深入熟悉网站编辑的工作情况，从而更好地完成新员工的培训，叶子特地向公司的前辈老赵请教。

老赵听了叶子的请求，一口答应下来，然后就说开了：“我们平时的主要工作是发布资讯，需要网站编辑自己收集、整理，达到规定的发布标准以后才能发布。我们的发布标准制定得很细，比如格式问题就得格外注意。”说着老赵一条一条地讲起了格式的注意事项，叶子知道这些事项在网站编辑的手册中有详细的条款说明，但还是耐心听了下去，等老赵讲得差不多了才问：“除了这些还需要做其他工作吗？”

老赵说道：“当然需要啦！我们还要发专题啊。”

叶子问：“可以详细说说吗？”

老赵说：“专题可比资讯复杂多了。你得有一个大的题目，比如定了环保的主题，就需要把主题加工成一个吸引人的标题。然后你需要填充内容啊，这时候你就需要去做采访——顺便说一下，我们的专题特指采访专题。做采访呢，要有采访对象，你可以发邮件或打电话去邀请，如果同意了，就可以做采访了。”

叶子问道：“具体怎么做采访？”

老赵答道：“你准备一些问题，如果是邮件采访就直接发给采访对象，也可以打电话或者面对面采访。采访完了你不就有一大堆原始素材了吗，就把这些素材整理成专题的内容，制作出来发布到网站上。”

叶子一边听一边做记录，和老赵谈完以后，叶子仔细整理了一下笔记，想梳理出网站编辑的工作流程，发现还是有不少地方不太清楚。无奈之下，叶子又找到了老赵所在的部门的主管张姐，向她说出了自己的疑惑。张姐听完叶子的叙述，未语先笑，然后说道：“老赵就是那样的人，自己做业务很熟练，但是让他给别人讲就杂七杂八地说不清楚了。还是我来给你梳理一下吧。”

张姐思考了一下，开始讲述：“我们网站编辑的工作主要包括两大部分：日常发布资讯和偶尔采编制作专题。先说资讯部分，编辑需要主动收集资讯，根据公司手册里制定的标准进行加工，然后发布出来。专题方面，我们需要首先确定主题，围绕主题选择采访对象，确定采访对象之后整理采访问题，然后进行采访，最后将得到的素材加工成专题，发布到网站上。以上是我们主要的工作流程，接下来我再和你详细地说一下每个步骤的注意事项……”

和张姐谈过之后，叶子很快就根据这次谈话的笔记整理出了一份详细的网站编辑工作流程表。很快这份流程表就在培训新员工的工作中派上了用场。

对比一下二人与叶子的谈话内容，我们能发现明显的区别。老赵的谈话方式更像朋友聊天，想到哪里说到哪里，重点不突出，让人很难一下子抓住核心观点。在看到他的第一句话时，我们很容易认为接下来的谈话内容会全部围绕发布资讯这一项工作展开，而经过长时间的谈话，听众在已经有些疲劳的时候，才突然得知还有一项和它同级别的内容——制作专题。这时听众不得不打起精神，从头再消化接下来的内容，并努力将它们和之前听到的信息整理、归纳。张姐谈话时则开门见山地点出核心观点——网站编辑的工作有两大类别，然后逐条论述，一层一层抽丝剥茧，我们从她的讲述中能看出清晰的金字塔结构：

网站编辑的工作内容：

资讯工作：收集资讯
　　　　　加工资讯
　　　　　发布资讯
专题工作：确定主题
　　　　　邀约采访对象
　　　　　整理采访问题
　　　　　进行采访
　　　　　制作、发布专题

因此，叶子可以从一开始就抓住张姐谈话的核心观点，并跟上张姐的节奏，获取后续的内容信息。

想想看，你平常给他人解答问题时习惯用什么样的讲述方式？

听众在听我们讲话时（或读者在读我们的文章时），会习惯性地认为一起出现的观点在逻辑上彼此关联。如果没有被事先告知几个信息在逻辑上的关系，而只是被动地逐句接收信息，听众就会自行思考出某种逻辑关系，将获取的信息连缀起来，找出意义。而听众找出的意义并不一定是讲话人希望传达的核心观点。

人与人的思想观念千差万别，知识背景也各不相同，如果不用前提条件加以限制，人们会对同一句话产生五花八门的理解，正所谓“有一千个读者就有一千个哈姆雷特”。而即便幸运地遇到那个刚好和作者观点一致的读者，没有开门见山地挑明观点，也会给读者的阅读增加障碍，读者必须得自行从字里行间找出逻辑关系和核心观点，这无疑增加了他们的工作量。在进行文学创作时或许可以如此行文，但是在工作中这就犯了大忌，有可能凭空制造新的问题。这种情况在实际工作中并不少见，应该引起我们的注意和警惕。

◇ 第四节 从“头”开始

长时间以来，大脑在人们眼中都是神秘的存在，我们的意识在这里产生，我们的情感在这里酝酿，我们的喜怒哀乐、一举一动都和大脑息息相关。大脑之于人类，就像 CPU（中央处理器）之于电脑，它是我们的中枢，外界的所有信息都需要经过大脑的加工，才能组成有价值的思想。这些思想通过恰当的方式表达出来，就成为一篇篇精彩的文章、一场场出色的演讲和无数闪烁着思想光辉的精神果实。

我们知道，思维虽然强大，但并非总是在良好地运转，就像车辆一样，它有时候也会抛锚，有时候也会开到错误的路上去。有人可能会想，思维有没有规律可循呢？如果我们知道了它的运行规律，也许就可以让它更好地按照我们的需求运转了。在回答这个问题之前，让我们先来看一组例子。

案例一：

所有的猴子都是哺乳动物。

金丝猴是猴子。

因此金丝猴是哺乳动物。

案例二：

直角三角形内角和是180度。

锐角三角形内角和是180度。

钝角三角形内角和是180度。

因此三角形内角和都是180度。

以上两个例子，都是从一些前提得出一个结论的形式，你能看出它们有什么区别吗？有些读者可能已经发现了，“金丝猴是哺乳动物”这则例子符合经典的三段论形式，即由一个大前提、一个小前提推理出结论。三段论推理是演绎推理的一种简单形式。“三角形内角和都是180度”，则是通过对已知条件的归纳总结得出结论。可以很明显地看出来，这两组例子在我们的脑内加工时，思考的顺序是不同的。回想一下你在生活和工作中思考问题时，是不是也经常使用这样的思考顺序，比如：

周一公司要开会。

今天是周一。

今天公司要开会。

根据“今天是周一”得出“今天公司要开会”的结论以后，我们就会考虑下一步的行动，比如是否要准备一些开会时需要用的文件，是否需要调整工作安排空出开会的时间，等等。这是一个使用演绎推理解决工作问题的典型应用场景。再来看一个例子：

运动可以增强免疫力。

运动可以让身材更好。

运动可以让心情愉悦。

我应该经常运动。

因为运动有“增强免疫力、让身材更好、让心情愉悦”这些好处，所以可以得出“我应该经常运动”的结论。为了执行这个结论，我需要做一系列工作，例如查看日程安排为运动留出时间，检查家里有没有合适的运动装备，考虑是否需要办健身卡、是否需要请健身教练等。在这个场景下我们使用的是归纳推理。

上述两种推理方式就是我们常用的两种组织思维的方式：演绎推理和归纳推理。可以看出，这两种推理方式都具有清晰的条理性和逻辑性，前提条件和结论呈现明显的金字塔结构。如果我们在思考的时候能恰当地利用这样的逻辑，必然能帮我们更好地梳理思维。

在思维的过程中，我们使用的逻辑推理顺序就是我们的思想组织的顺序，如果使用演绎推理组织思想，这些思想呈现的就是演绎顺序，把这些思想写成文章或做成演讲，文章或演讲也就具有演绎顺序，它们的金字塔结构就是用演绎顺序架构的。

多多运用逻辑，能让我们先人一步，使思想在大脑中形成清晰的架构，这将为我们的后续工作提供莫大的帮助。在后文中我们还会提到演绎推理和归纳推理的更多应用。

第二章

金字塔的基石——认识金字塔原理

在第一章中，我们通过一些使用场景初步向大家介绍了金字塔原理，在这一章我们将在前期基础上，向大家完整地呈现金字塔原理的理论知识，帮助大家在头脑中系统地构建起自己的金字塔。

◇ 第一节 金字塔结构的特点

在前文中我们介绍了一些使用金字塔结构的案例，通过这些案例你是否能归纳出一些金字塔结构的特点呢？

首先可以明确的一点是，金字塔结构顾名思义，是一种呈下大上小形状的结构，最顶端的内容是整个结构最突出、最容易被注意到的，逐级向下的分层内容必然与顶端内容存在某种逻辑关系，这是金字塔结构最突出的特点，也是它得名的由来。详细来说，金字塔结构具有以下四个特点。

1. 分组归纳，构建金字塔

每个金字塔结构都建立在清晰的分组基础上。做好分组归纳是成功建立金字塔的前提。我们可以通过一些直观的例子来理解分组归纳。

水果：苹果、梨、桃子、西瓜

蔬菜：芹菜、土豆、胡萝卜、白菜

肉类：鸡肉、鱼肉、牛肉、猪肉

以上三组物品每组都可以独立形成一个简洁的金字塔结构，拿第一组来说，“水果”是这组的中心思想，“苹果、梨、桃子、西瓜”都是支撑这个思想的次级思想。再来看下一个例子。

食品：水果：苹果、梨、桃子、西瓜
　　　蔬菜：芹菜、土豆、胡萝卜、白菜
　　　肉类：鸡肉、鱼肉、牛肉、猪肉

在上一个例子的金字塔结构中，水果、蔬菜、肉类分别是中心思想，在这个例子中，我们在最上层加了“食品”，于是它成了新的最高级的中心思想，水果、蔬菜、肉类成为支撑它的次级思想，而之前的次级思想苹果、芹菜、鸡肉等变成了更低一级的次级思想。而且，新添加的中心思想可以概括所有下属的次级思想，我们可以说水果属于食品，也可以说苹果属于食品。

在运用金字塔原理为思想分组的时候，需要注意，每组思想必须属于同一类别，应该具有排他性，我们不能把苹果放到肉类的分组。

其实我们平常已经在无意识地使用分组归纳了，回想一下你是如何写出一篇文章的，一开始你写下了第一个句子，然后是第二个、第三个……若干句子组成了一个完整的段落；然后你开始写一个新的段落——依然是从一个句子开始；最后你可能用十个段落完整表达出自己要展示的思想，一篇文章就完成了。可以看到，在写作的时候，你是从基层入手的，组成一个段落的句子必然具有相同的属性，例如你在写一个论述如何降低生产成本的段落时，不会把介绍水稻种植的内容放进去。之后许多段落组成文章，逐级向上，成为金字塔，整篇文章的中心思想就是金字塔的塔尖。这些段落也必然都可以被概括在文章的中心思想之下。

2. 抽象概括，体现逻辑关系

为我们要表达的内容分组之后，我们需要考察分组是否恰当。还记得我们在第一章第二节举的采购清单的例子吗？

采购清单：

水果：菠萝

蔬菜：青椒、葱、姜、蒜、番茄、豆腐、红椒、豌豆

肉类：多宝鱼、里脊肉、虾

蛋类：鸡蛋

采购清单：

虾仁烧豆腐：虾、豌豆、豆腐

菠萝咕噜肉：菠萝、里脊肉、鸡蛋、番茄、青椒、红椒

清蒸多宝鱼：多宝鱼、葱、姜、蒜

我们当时探讨过，按照第一个采购清单分组固然不是错误

的，但它并不便于我们记忆，原因在于不能体现同一类别下各思想之间的逻辑关系。金字塔结构中的逻辑关系，除了必须能够体现上下层思想之间的抽象概括关系——上层思想是下层思想的抽象，上层思想能够完全概括下层思想——也要能够体现同层思想间的联系。这是金字塔结构的又一个特点。

3. 突出中心思想，自上而下表述

当你的头脑已经为需要表达的内容建立起逻辑关系，下一步就该将它们展示出来了。要想写出条理分明的文章，需要确保思维清晰、有序。最简单也最有效的思维顺序我们在前文已经有所涉及，就是先给出核心思想，再给出支撑核心思想的次级思想，自上而下进行表达。

即便是最聪明的读者，在理解一篇新的文章时也需要兼顾几个方面，首先他们需要花费一部分脑力去识别和解读读到的文字，同时要调动另一部分脑力去寻找文字间的关系，最后剩余的那部分脑力还要用于消化吸收文字中的信息。使用清晰的写作顺序可以减少读者在上述步骤中花费的脑力，从而使其集中精力去理解文章要表达的思想。

你可以再回忆一下前文提到的相关案例，时刻提醒自己注意表达的顺序。

4. 逐级概括总结，自下而上思考

经过分组归纳、抽象概括，并自上而下表达出观点，你会发现自己已经拥有一个结构清晰的金字塔了。但是追溯金字塔结构成形的过程，你会发现你最先拥有的是一些散碎的观点，通过对散碎的观点概括总结，抽象出更高级的思想，金字塔才趋于完整。这个过程是我们思考的过程，是一个自下而上、积少成多的过程，无论多么庞大的金字塔结构都是在这样的思考过程中诞生的。

由于我们在这个过程中不断对思想进行概括、抽象，所以最后形成的文章的中心思想必定能够概括全文的内容，而全文的所有论点也必然支撑我们的中心思想，正因如此，我们可以通过思想和金字塔结构的这种联系，来检查自己的思想，从而确保文章的结构准确无误。

◇ 第二节 金字塔原理的规则

世间万物的运转都有一定的规则，行星运转有其运转规则，驾驶汽车需要遵守交通规则，就连休闲娱乐时玩游戏也需要遵守游戏规则。认识规则是了解事物的第一步，在此基础上，我们才能得心应手地应用知识，为自己解决问题。金字塔原理也有一些基本的规则，它们是掌握金字塔原理的钥匙。

阅读，是一件我们每天都要做的事，无论主动或被动，我们每天都会通过阅读接收大量信息，短到微博上一条百余字的新闻，长到订阅号上一篇几千字的文章，其他诸如街头一闪而过的广告语、需要反复斟酌的工作文件等，不胜枚举。而在阅读的过程中，我们常常会遇到一个问题，那就是有些文字让人“不知所云”。虽然说来有些令人哭笑不得，但是的确有很多人缺乏表达技巧，几十字的一段话都写得一塌糊涂。如果他们在写作前能够学习一下金字塔原理的基本规则，提纲挈领，分清条理，效果会好得多。

小李和小张在同一家公司的同一个部门工作，两人经手的项目彼此独立，但流程大同小异，与上级沟通的问题也大多属于同一类型。但是小李发现，自己汇报一个问题，常常要反复沟通好几次才能得到上级肯定的答复，而小张往往只要沟通一次就能成功。闷头想了一段时间之后，小李趁一次团建的机会向小张请教。小张略微思索了一会儿，问："上周咱们负责的项目遇到了类似的问题，你是怎么汇报的？"

小李回忆了一下，上周设计部门为他的项目提供了三个设计方案，小李和设计师一致推荐创新的 A 方案，销售部出于对推广问题的考虑选择已经有一定市场传播度的 B 方案，负责联络工厂的生产部门根据制作的难易程度想要选择工艺最简单的 C 方案。小李需要和老板沟通，让 A 方案得以通过。沟通过程并不顺利，小李回忆道："我首先告诉老板三个方案的特色，然后分别阐述了设计部、销售部、生产部的主张，最后说了我的看法，但是老板好像并不赞同，对我说销售部和生产部说得有道理，让我找出更好的方案。"小李叹了口气接着说，"其实我们都能看出来老板更欣赏 A 方案。"

小张也遇到了类似的问题，但是一周过去后，小张的项目已经推进到下一步了，小李还在为设计方案发愁。"你是怎么做的呢？"小李问。小张沉着地回答："我们经过综合评估，认为创新的A方案会为公司带来最大的收益，因此向老板汇报的时候，我首先指出A方案是最佳方案，接着我阐述了选择A方案的原因，这时老板已经认同了A方案。接着我罗列了其他部门的意见，然后依据评估对这些意见逐条批驳，得出A方案最佳的结论。如你所见，这周我们已经开始实施A方案了。”

小张汇报工作的方式便是金字塔结构的典型应用，其中包含着金字塔原理的四项基本规则。

1. 结论先行

小张开门见山地向老板推荐A方案，用到的是金字塔原理“结论先行”的原则。结论先行指的是，汇报工作、写作、演示演讲时，一次只阐述一个中心思想，并且在一开始就明确地提出来。这样可以极大地节省汇报者和听众的时间与精力，避免听众的思路被不相关的内容带跑。

2. 以上统下

表明结论以后，接下来的表述要注意遵循以上统下的规则，顾名思义，就是上级思想给下级思想做统帅，下级思想为上级思想做支撑。小张阐述选择A方案的原因就遵循了此项规则。

3. 归类分组

小张在罗列其他部门的意见时，运用了这一规则。归类分组的意思是将具有相同特征的信息分为一组，每次阐述一组，不同的分组就像同学关系。在小张汇报的时候，其他部门的意见可以归类为“不同意见”，并不需要像他的主要观点一样突出表述。

4. 逻辑递进

最后，在反驳其他部门的意见时，小张必须使用逻辑武器，这就用到了逻辑递进这一规则。逻辑递进指依照逻辑关系组织思想和语言，这需要我们掌握一定的逻辑知识。常见的逻辑关系方式有以下几种：演绎推理、归纳推理、时间顺序、空间顺序、重要性顺序。我们在日常生活中或多或少、有意识无意识都要用到其中的一种或几种，在后文中我们会详细地讲述每一种逻辑关系的特点和应用。

金字塔原理是一种整理、加工、表达信息的手段，可以帮助使用者更便捷地解决生活和工作中遇到的问题。了解了金字塔原理的四项基本规则，不妨实际应用一下，比如收看一段新闻，提炼一下它的主要观点，想一想如果让你来写，你会怎么组织语言。

◇ 第三节 金字塔结构的细分

我们知道，一篇中心思想突出、条理清楚的文章，往往具有金字塔结构。读者可以从金字塔的顶部开始跟随作者的脚步，一层一层地理解作者的思想。对于作者来说，如果能够将要表达的思想轻易地构建为金字塔结构，无疑可以迅速创作出一篇文章。然而，真实的情况是，我们往往并不能一上来就拿出思想的金字塔。在动笔之前，我们可能只知道一个模糊的创作方向，有一些零碎的写作灵感，有时候可能千头万绪，根本无从下笔。在这个阶段，我们的思想还是混沌的，不要说表达给别人看，连我们自己都可能云里雾里，即便写下了一些句子也可能毫无用处。

一拿起笔就思路清晰、文思如泉涌，无论对谁来说都是一种概率极低的事件。日常生活中我们得学会和不成形的思想共处，将它们整理成形。

为了帮助我们为早期零散的思想找到归属，进而加快梳理思想的速度，我们可以将金字塔结构进一步细分。我们知道，金字塔结构可以自上而下划分为若干层级，每个层级之内存在若干并列的条目，上一层级和下一层级之间存在一种纵向关系，同一层的条目之间存在一种横向关系，它们是构成金字塔结构的子结构。

1. 纵向关系

金字塔结构的纵向关系，可以在作者和读者之间建立一种对话，它通常以“疑问——回答”的形式展开。作者给出一个观点，读者会产生疑问：为什么这么说？为什么这么做？紧接着作者拿来支撑这些观点的论据——也就是金字塔的下一层——会给出答案，解决读者的疑问。如果还有需要进一步表达的观点，也会同时给出，引发读者新的疑问，作者的文章也会继续下去。如此重复，直到作者解答了所有的疑问——此时文章也画上了句号。

需要说明的是，读者并不一定同意作者的所有观点——就算我们不想承认，也必须接受这一客观现实——但是读者可以理解作者的想法，明白作者给出的思路，前提是作者的文章具有清晰的金字塔结构。

下面这个例子节选自战国时期名家代表人物公孙龙的《白马论》，文章里提出的“白马非马”的观点是一个著名的哲学命题。这是一篇通过问答的形式创作的思辨文章，写得十分精彩。我们来感受一下文章是如何通过“疑问——回答”来展开的。

“白马非马，可乎？”曰：“可。”（列出观点：白马

非马）

曰："何哉？"曰："马者，所以命形也。白者，所以命色也。命色者，非命形也，故曰白马非马。"（重新定义，区别"白马"与"马"）

曰："有白马，不可谓无马也。不可谓无马者，非马也？有白马为有马，白之非马，何也？"

曰："求马，黄、黑马皆可致。求白马，黄、黑马不可致。使白马乃马也，是所求一也，所求一者，白者不异马也。所求不异，如黄、黑马有可有不可，何也？可与不可其相非明。故黄、黑马一也，而可以应有马，而不可以应有白马，是白马之非马审矣。"（罗列观点否定"白马乃马"，反证"白马非马"）

曰："以马之有色为非马，天下非有无色之马也。天下无马，可乎？"

曰："马固有色，故有白马。使马无色，有马如已耳，安取白马？故白者非马也。白马者，马与白也；马与白马也，故曰：白马非马也。"（罗列观点否定"天下无马"，进一步论证"马"与"白马"的区别）

这里我们节选了四层论述，都是通过一问一答的形式进行的，为了便于理解，每一组问答后的括号内都标注了该组问答的主要内容。可以看到，第一组问答只是提出文章的中心思想，并没有提供支持观点的论据，它的性质相当于金字塔结构的顶端。从第二组问答开始，文章就以对话者的角度提问了，“你说白马非马，为什么这么说”，于是公孙龙以“马”和“白马”定义的对象不同为由，解释自己的观点。这一回答又引发了对话者新的疑问：“有白马”可算作“有马”啊，公孙龙你怎么看？于是在第三组问答中他又引入新的概念“黑马”“黄马”，通过它们来否定“白马”为“马”。于是在第四组问答里，对话者开始就新出现的“黑马”“黄马”提出关于颜色的疑问，他又以“颜色”和“马”有区别论证“白马”和“马”有区别。

我们都知道，“白马非马”其实是一场诡辩，公孙龙利用替换概念制造语义谬误，使得自己的论点得以自圆其说，事实上白色的马当然是马，不单白色是马，黑色、黄色、红色的马都是马。有一部分读者在刚接触这个故事的时候，可能会被绕进去，觉得公孙龙说得十分有道理，明明观点不对，自己却不知如何反驳。这恰恰说明，我们所知道的常识并不妨碍我们跟随公孙龙的思路去理解他的观点以及他为支撑观点所给出的论据。之所以会出现这种情况，是因为公孙龙组织观点的时候一直围绕着对话者提出的关于论点的疑问。公孙龙知道对方将要问什么，并在下一步给出了答案，无论这个答案是不是对方想要的，他都感觉自己得到了回应，与公孙龙产生了对话。

这种线性的问答式行文构成了金字塔结构的纵向关系，当一条问答线写到末端的时候，就可以回到分支的开端继续另一个分支的问答了。

2. 横向关系

我们生活在一个三维的世界，一张薄薄的纸、一栋高耸入云的楼，都具有三个维度。但是文字却是一维的，一个句子连着一个句子，一条线向下，形成我们上文所说的纵向关系。但是隐藏在这种纵向关系背后的思想却是有多个层次的，这些不同的层次就构成了文章的横向关系。

回忆一下我们在第一章第四节讨论的内容，其中提到了演绎推理和归纳推理，它们既可以作为组织思维的方式（组织思想时只存在演绎和归纳两种逻辑关系），又可以作为行文的顺序。当我们考虑如何表达文章的下一个层次时，一方面需要确保回答上一层引出的疑问，一方面要保证符合逻辑，即保证具有清晰的演绎关系或归纳关系。需要注意，同一表述不可能同时存在两种逻辑关系。这两种逻辑关系就是横向关系的本质。

掌握纵向关系和横向关系以后，已经具备独立构建金字塔结构的基本能力了。不过在此之前还有一个问题要解决——如何引出“第一个疑问”。以文章为例，如果要根据问答的形式进行，那么必然存在“第一个疑问”，这一部分任务需要“序言”来完成。

序言的作用

很多人都有在网购平台购物的经历，当我们在网购平台购买某类商品后（或者仅仅是搜索过），下次再打开这些平台时就会看到同类产品的推荐，有时候平台还会根据我们近期购买、搜索的情况，为我们推荐符合我们喜好的多个种类的产品。例如，有人搜索了一些小摆件之后就收到了摆件、玩偶、微型景观等产品的推荐。收到推荐的人当然知道这是基于算法有针对性地投放的推广行为，但是由于这些推荐很贴近其喜好，他查看推荐详情的概率仍然很高，有时甚至会付钱购买相关产品。

序言的作用和上述推荐的作用类似，推荐是为了吸引目标消费群体购买产品，序言是为了吸引读者的注意力，让他们来读文章。我们知道金字塔结构通过“疑问——回答”的方式让读者和作者对话，展示作者的观点，但是如果作者的文章与读者毫无关系，读者的头脑里没有关于这篇文章的任何疑问，那么即便作者再妙笔生花，也无法对这个读者产生任何吸引力。序言要解决这个难点，就要提出一个与读者相关的问题，让读者产生阅读的欲望。例如，一篇谈论外语学习的文章在序言中应该针对有学习外语需求的读者设置悬念，让读者产生疑问，继而阅读文章去寻找答案。

如何确定在序言里设置的问题呢？首先要明确，任何问题都有其起源和发展，通过对这两个方面的追溯，我们就可以找到答案。

问题的起源和发展适合用叙述的方式来表达，在序言的开头，需要先向读者交代背景，说清楚时间、地点等要素，这很像我们学生时代写记叙文的路子。接着，我们需要说清楚在这个背景下发生了什么事件，也就是出现了什么矛盾冲突，冲突就是吸引读者提出疑问的关键。

按照记叙文讲故事的方式展开序言，交代背景、冲突，引出疑问、回答，可以使作者和读者在进入正题之前保持视角一致。这样做不仅方便进一步引导读者跟随作者的思路，也能确保作者在文章的开头就披露核心思想。这样的序言可以检验作者是否直接、正确地传递了信息，如果作者操作有误，读者就不会按照作者的设想提出他希望读者提出的疑问，“疑问——回答”的线在一开始就会断掉。

下面我们通过一个案例来直观地感受一下使用不同的方式写作的序言有哪些差异。

> 这封邮件是为了就以下问题征集大家的意见：
>
> 新媒体营销部员工的来源问题；传统营销部和新媒体营销部的人员配置比例问题；新媒体营销部员工业绩考评问题；其他相关事宜。

上面这条序言是商业文稿中十分常见的样式，让我们再看看以讲故事的方式写成的序言。

> 大家知道，如今新媒体平台在营销活动中拥有不可忽视的影响力，为了适应新的态势，公司经研究决定于本月起组建新媒体营销部。如此一来，重要的新媒体平

台将有专人负责营销事宜，传统营销部门员工也可以结束两边兼顾的状态，集中精力做好传统营销工作。

但是由于新媒体行业发展时日尚短，公司尚未培养起成熟的新媒体营销团队，因此我们需要就成立新媒体营销部的具体事宜进行探讨：

是否需要从外部招聘经验丰富的新媒体营销人员组建团队；新媒体营销部配置多少员工较为适宜；新媒体营销部应该如何制定考评标准。

欢迎大家提出其他相关的建议。

可以看出，通过讲故事的方式告诉读者这些信息，能让读者阅读起来更容易，也可以引导读者提出疑问，而这个疑问正是作者将要在文章中论述的。到这里文章的开篇就完成了，接下来就可以倡言观点了。

本节讲述的金字塔结构的细分结构，能够帮你做好组建金字塔的工作。掌握纵向关系，你就能够掌握每个层次上的句子需要呈现的信息——因为下一层次的内容必然是上一层次的支撑。掌握了横向关系，你就能一眼看出横向组织在一起的内容是否具备清晰的逻辑关系（演绎或归纳的其中一种）。序言则可以帮你找出“第一个疑问”，让你的文章吸引到目标读者。

第三章

利用金字塔原理重塑思维

思维是发生在大脑中的一种复杂的高级活动，它以感知为基础，却又超越感知，能进入更深层的范畴。思维是我们认识世界、改造世界的工具。爱因斯坦曾经说："思维世界的发展，在某种意义上说，就是对惊奇的不断摆脱。"人们的思维各不相同，说一句话、做一件事的方式便呈现出多种风格。在沟通、写作等需要大量调动思维的脑力活动中更是如此，所以才有文风、文如其人之类的说法。

在工作中，不同的思维模式也会带来不同的影响，比如同一份工作不同的人去做，结果可能大相径庭，有人完成得很好，甚至超出老板的预期，有人就做得很勉强，存在不少漏洞。如果你也存在后一种情形，可以尝试利用金字塔原理梳理自己的思维，指导自己更好地行动。本章将详细地探讨金字塔原理在思维领域的作用，帮助大家建立清晰的思维逻辑。

◇ 第一节 逻辑先行

基于对金字塔原理已有的知识，相信很多人已经能够利用金字塔原理来写文章了：确定主题，确定读者的疑问，组织序言，写出背景和冲突，使用“疑问——回答”的方式展开讨论——具有金字塔结构的文章就成形了。

但是，在这个过程中有一个需要格外注意的问题——堆砌观点。在为上层观点提供支撑的时候，我们很难不进行罗列。例如当我们谈到“使用这种新设备可以削减成本”时，需要罗列新技术的作用，但是一旦把握不好度，就容易堆砌观点，削弱主题和观点之间的联系。在这个例子里节省人工、提高效率等可以作为支撑观点，但把“设备外形美观”也作为支撑观点加进去，会让读文章的人感到哭笑不得。

罗列固然是一种检视观点的有效方法，但是我们不能只停留在这一步，而是应该继续深入下去，挖掘观点之间的逻辑联系，阐明联系具有的意义，留下最具有说服力的信息。

在金字塔结构中为每组思想安排好位置以后，仔细分析各组思想的联系是思考的必经之路，虽然操作起来很不轻松，但是不能跳过。因为有难度，很多人有意无意地忽略或减省了这个步骤，这样做的后果就是，很难把自己的思想清晰、准确地传达给读者，甚至会让中心思想的传递发生偏差。这是对时间和精力的极大浪费。省略思考过程，省下的不是时间而是文章的质量。

我们来看一个案例。这是一家图书公司的销售部门提交的报告，旨在反映客户提出的促销活动方案中存在的问题，先来看一下报告的原文：

客户对我们提交的促销活动方案提出以下建议：

1. 参加促销的图书品种较少，且不够多样化。

2. 参加促销的图书中学术类比重太大。

3. 应该适当增加通俗的大众读物的品种。

4. 促销方式单一，不够灵活。

5. 没有直播等互动环节。

我们再来看一下修改后的报告：

根据客户建议，我们的促销活动方案可从以下几方面进行优化：

1. 增加参与促销的图书品种。

2. 调整参与促销的品种结构，以通俗读物为主。

3. 安排直播环节，多模式促销。

怎样才能从起初粗糙的堆砌、罗列演变成整理后的清晰、准确呢？关键在于思考的过程。接下来，我们将讨论一些在思考的过程中可以利用的方法，帮助大家完善思考。首先介绍的是完善逻辑思维的方法。

在之前的内容中，我们多次提到逻辑对金字塔结构的重要性，在整理堆砌的观点时，逻辑关系是关键。

找出能够将各个思想联系起来的逻辑关系，确定它们存在何种逻辑顺序，对各组思想进行概括，就能得到你想要的结果。这个方法叫作归纳跃进，在这个过程中你需要冷静思考。这个过程并不轻松，但是对你的思考很有帮助。

接下来我们会详细介绍一些可以帮助重塑思维的方法，希望对你有所裨益。

5W2H 分析法

什么是 5W2H 分析法，W 和 H 分别是什么意思？

5W2H 分析法也可以称为七问分析法，它是第二次世界大战中由美国陆军兵器修理部首创的一种分析问题的方法。由于 5W2H 分析法操作简单、容易理解、便于推广，后来被广泛地应用于经营管理中。5W2H 分析法对于制定决策、执行方案都有帮助，另外还可以避免考虑问题时出现漏洞。

5W2H 分析法的发明者将解决问题的思路简化为七个单词，供使用者以“提问——回答”的方式梳理思路，寻找逻辑。这七个单词分别是：

what——是什么？需要做什么？目标是什么？

why——为什么？为什么这么做？能不能不做？有没有其他做法？

who——谁？是为谁做的？找谁来做？

when——何时？什么时候做？

where——何处？在什么地方做？

how——怎么做？如何解决问题？如何提升能力？如何执行计划？

how much—多少？数量是多少？质量怎么样？花费多少钱？

这七个单词的首字母是 5W2H，这也是 5W2H 分析法得名的由来。接下来我们通过案例看一下如何使用 5W2H 分析法。

一家软件开发公司要做一项产品调查，旨在了解该公司所设计的 A 软件的使用情况，负责人周蒙正在设计调查问卷。

what（是什么）：A 软件可以帮你做什么事情？→我们开发的是什么产品？

why（为什么）：为什么选择 A 软件？→用户为什么

需要我们的软件？

who（谁）：你觉得什么人适合 A 软件？→我们的软件是为什么人开发的？

when（什么时候）：你一般什么时候使用 A 软件？→我们的软件应该何时推出？

where（什么地点）：你一般在什么场景下使用 A 软件？→我们的软件应该在哪里发布？

how（怎么做）：你觉得 A 软件哪些功能比较好？→我们的产品应该如何运作？

how much（多少）：如果 A 软件对你有帮助，你愿意为它付费吗？→我们的产品如何定价？

有过设计调查问卷经验的读者应该很有体会，设计调查问卷是一项综合性的工作，既要有明确的主题又要通俗易懂，还要控制问卷长度，最重要的是问题一定要有逻辑，结构合理。5W2H 分析法为我们提供了几个最基本的思考方向，有利于全方位思考，避免在复杂的流程中遗漏重要的项目。七个单词之间逻辑分明，能帮助我们准确地界定问题，清晰地阐述问题，更有效率地解决问题。使用 5W2H 分析法能够让我们更快捷地掌握问题的本质，抓住主题，避免思维陷入混乱，帮助我们培养严谨全面的思维模式。这种分析方法不但能够解决工作中遇到的问题，还可以应用到生活中的方方面面。

演绎推理

前面的章节涉及过有关推理的内容，推理是构建金字塔结构内部逻辑的必不可少的一环。现在我们将更全面地介绍一下两种主要的推理方式：演绎推理、归纳推理。

现实生活中不少人一谈到逻辑推理就感到头大，觉得既枯燥又令人费解，只想远远地躲开。实际上，逻辑推理是非常有趣味性的，在开始讨论演绎推理之前我们先来看一个小故事。

> 20世纪70年代，科学家威廉、木辛特、赫迪前往苏格兰参加一场科研会议。进入苏格兰不久，路边出现了一只黑色的山羊。天文学家威廉立刻感叹道："这多么有意思啊！苏格兰的山羊居然都是黑色的。"
>
> 物理学家木辛特立刻纠正他，说道："威廉先生，在缺乏广泛论据的前提下做出这样的判断是很不恰当的。关于苏格兰的山羊的颜色问题，以目前掌握的事实来看，只能做出这样的判断：在苏格兰，有一些山羊是黑色的，但不一定是全部。"
>
> "木辛特先生，你做出的判断也不够严谨。"逻辑学家赫迪接着说道，"根据此时已有的条件，我们能得出的结论只是：在苏格兰地区，有至少一个地方存在至少一只黑色的山羊。"

怎么样，读完这个故事是不是感到推理也可以是很有趣的？接下来让我们系统地认识一下演绎推理吧。

演绎推理是一种从一般到特殊的推理方法。演绎推理推论的前提和结论之间的关系是必然的，属于确实性推理的范畴。演绎推理可以帮助人们保持思维的严密性、一贯性，对思维有着难以取代的校正作用。演绎推理在方式上与归纳推理相对。

演绎推理的结论已经包含在前提里面，所以它并不能给人们带来新知识。在进行演绎推理时，必须设置基于某些基本原理的前提，如果支撑前提的基本原理存在漏洞，演绎推理得出的结论也就失去可信度。但是只要前提是准确的，理论上来说就不存在谬误。很多学科会采用演绎推理作为研究手段，例如数学、逻辑学、统计学等。

演绎推理的形式有多种，三段论、假言推理、选言推理、关系推理都属于演绎推理。下面让我们来了解一下它们各有什么特点以及如何应用。

1. 三段论

三段论具有这样的形式，由两个包含一个共同项的对性质的判断作为前提，推出一个新的对性质的判断，即结论。三段论是演绎推理的常见模式，它包括三部分：大前提——已知的普遍原理，小前提——正在研究的特殊情况，结论——根据普遍原理对特殊情况做出的判断。

我们在第一章第四节曾经简略提及三段论，举了“金丝猴是哺乳动物”的例子，大家还有印象吗？

所有的猴子都是哺乳动物。

金丝猴是猴子。

因此金丝猴是哺乳动物。

下面我们利用这个例子，详细地分析一下三段论中的成分。

三段论结论的主项[①]叫作小项，可以用“S”表示，如上例中的“金丝猴”；结论中的谓项[②]叫作大项，用“P”来表示，如上例中的“哺乳动物”；大小两个前提里都有的项叫作中项，用“M”来表示，如上例中的“猴子”。三段论里包含大项的前提叫作大前提，如上例中的“所有的猴子都是哺乳动物”；包含小项的前提叫作小前提，如上例中的“金丝猴是猴子”。使用三段论进行推理就是利用大小前提所体现的中项M和大项P、小项S存在的关系，通过媒介中项M的作用，从而推理出小项S、大项P之间的关系。

2. 假言推理

假言推理是把假言判断作为前提的推理，按照条件可以分为充分条件假言推理、必要条件假言推理两类。

充分条件假言推理有以下基本原则：如果小前提肯定的是大前提的前件，那么结论就要肯定大前提的后件；如果小前提否定的是大前提的后件，那么结论就要否定大前提的前件。我们通过两个例子来看一下。

---

①逻辑学术语，被视作句子成分的主语。

②逻辑学术语，是主项具体描述的承载。

案例一：

如果一个数最后一位是 0（前件），那么这个数就能被 5 整除（后件）；这个数的最后一位是 0，因此这个数能被 5 整除。

案例二：

如果一个图形是矩形（前件），那么它的四个角都是 90°（后件）；这个图形的四个角不是 90°，因此它不是矩形。

在这两个例子中，大前提都是假言判断，因此，尽管这种推理和三段论存在相似的地方，但并不是三段论。

必要条件假言推理有以下基本原则：如果小前提肯定的是大前提的后件，那么结论就得肯定大前提的前件；如果小前提否定的是大前提的前件，那么结论就得否定大前提的后件。这里也举两个例子：

案例一：

只有光照充足（前件），植物才长得好（后件）；这片植物长得好，所以这块地方光照充足。

案例二：

育苗时，只有土壤达到一定的湿度（前件），种子才能发芽（后件）；这次育苗土壤没有达到一定的湿度，所以种子没能发芽。

3. 选言推理

选言推理是一种以选言判断作为前提的推理，可以分为相容的选言推理、不相容的选言推理两类。

相容的选言推理有以下基本原则：如果大前提是一个相容的选言判断，而小前提否定了其中一个（一部分）选言支，那么结论就得肯定余下的一个选言支。来看下面的例子：

这个人的推理是错误的，也许是前提有误，也许是推理过程不符合规则；这个人推理的前提是正确的，因此，这个人的推理的错误是由于推理过程不符合规则。

不相容的选言推理有以下基本原则：如果大前提是一个不相容的选言判断，而小前提肯定了其中的一个选言支，那么结论就要否定其他选言支；如果小前提否定除了其中一个以外的选言支，那么结论就要肯定剩下的那个选言支。比如下面这两个例子：

案例一：

交通灯的显示，要么是红灯，要么是黄灯，要么是绿灯。可通行时显示的是绿灯，所以可通行时显示的不是红灯，也不是黄灯。

案例二：

比赛的结果，要么是胜，要么是负，要么是平。这场比赛的结果不是胜也不是负，所以这场比赛的结果是平。

4. 关系推理

前提中至少具有一个关系命题的推理叫作关系推理。在生活中有一些很常见的关系推理。

对称性关系推理，如 1 升 =1000 毫升，所以 1000 毫升 =1 升；

反对称性关系推理，3 大于 2，所以 2 小于 3；

传递性关系推理，3>2，2>1，所以 3>1。

归纳推理

归纳推理是一种从个别到一般的推理。归纳推理通过某一程度的关于个别事物的认知过渡到范围较大的认知，通过特殊的、具体的例子推导出一般性的原理、原则。自然界和社会中的普遍性、一般性，蕴含在个别性、特殊性之中，并必须通过个别彰显存在。一般性存在于具体的个体和现象之中，所以，只有研究认识个体，才能认识一般规律。

我们在解释一个复杂的事情或概念时，往往会通过对个别的、特殊的事物的概括，总结出具有一般性的原理或规则。依据这些原理、规则，我们可以得出关于个别事物的一些认识，例如人们观察到植物生长需要水，看到一块干旱的土地上的植物濒于枯萎，人们就知道是缺水造成的，必须尽快浇水才能挽救植物。

这样的认识过程贯穿于我们认识世界的活动中。例如，经济基础决定上层建筑，生产力决定生产关系，是我们熟悉的对于社会发展具有普遍适用性的概括性结论，这两个结论就是通过分析不同历史时期生产力水平和社会发展情况得出来的，也是通过对一项项个别事物研究得出一般性结论的过程，即归纳推理过程。

除了严谨的数学归纳法以外，归纳推理得出的结论一般很难称得上真理，因为我们很难穷举所有可能存在的现象，例如我们上文提到的关于苏格兰的黑山羊的讨论，即便有人从苏格兰找到一万只黑色的山羊，得出“苏格兰的山羊都是黑色的”的结论，但只要有一只白色的苏格兰山羊出现，就能轻易地推翻这个结论。也因为如此，很多时候人们使用归纳推理得出的结论，只要能在统计和概率方面站得住脚，或者在某个划定的范围内成立，我们就可以承认它是有意义的。在以严谨著称的自然科学领域，早期的时候，物理、化学、天文等学科，一定程度上都有经验科学的性质，需要依赖实验和现象归纳出一般规律。

根据不同的标准，归纳推理可以划分为不同的类型，我们将简要介绍一下常见的类型，希望可以帮助大家梳理思维，归纳观点。

依据前提所考察的对象的范围的不同，可以把归纳推理划分为完全归纳推理、不完全归纳推理。完全归纳推理，顾名思义，考察了某种事物的全部对象。不完全归纳推理则只考察了某种事物的一部分对象。根据前提是否揭示了对象与其属性之间的因果联系，又可以把不完全归纳推理划分为简单枚举归纳推理、科学归纳推理。而在现代归纳领域，主要研究概率推理以及统计推理。

进行归纳推理时，前提是结论的必要条件。即便归纳推理的前提为真，结论也未必为真，亦可能为假。例如大家耳熟能详的守株待兔的故事，农夫根据某一天一只兔子撞在树上，推论出每天都会有一只兔子撞到这棵树上，显然是伪结论。如果不是发生了什么极其特殊的情况，兔子是不会去撞树的，兔子撞树必然是一个发生概率极低的事件。在归纳推理中，如果前提对结论的支持度小于 50%，我们就可以说这个推理的归纳强度是弱的；如果前提对结论的支持度小于 100%，大于 50%，我们就可以说这个推理的归纳强度是强的；如果前提对结论的支持度达到 100%，就可以说是必然性支持，称为完全归纳推理。

进行归纳推理，以下方案可以帮助我们整理观点和材料。

1. 比较

比较可以确定分析对象的共同点和差异点。经过比较，我们可以了解到对象之间的异同，为我们下一步的科学分类打下基础。比较的重点在于，从表面上差异很大的对象中找出共同点，从表面上相同或相似的对象中找出差异点。这一要求可以用黑格尔的一段话形象地概括："如果一个人能看出当前显而易见的差别，例如可以分清一支笔和一头骆驼，我们不会说这个人有了不起的智慧。另一方面，如果一个人能区别两个相似的东西，如橡树和槐树、寺院和教堂，并且知道它们是相似的，我们也不会说这个人有多高的比较能力。我们要求的，是能够看到异中之同，同中之异。"

进行比较时，这些事项必须注意：

（1）要在同一个关系下进行比较。也就是说对象之间要存在可比性，没有可比性的比较是没有意义的。例如一千米是距离长度，一年是时间长度，两者就不存在可比性。

（2）比较的标准要精确、稳定。例如某些行业会定下某些标准，作为行业标准来推广。

（3）比较要在对象的实质方面进行。例如比较两位员工的业务能力，应该在完成工作任务、解决突发问题等方面进行比较，而不是在长相、家庭背景等方面进行比较。

2. 归类

归类指的是，依据对象的共同点和差异点，将对象按照类别区分的方法。归类以后，杂乱无章的现象将变得条理化，大量的事实材料将变得系统化，有利于我们从中提炼观点。归类需要在比较的基础上进行。经过比较，找到事物之间的相同点和差异点，就可以把具有相同点的材料归为一类，把具有差异点的材料归入其他类别。归类在物种划分上应用广泛。例如世界上已知的植物有四十万种左右，按照层级可以划分为不同的门、纲、目、科、属、种，门是最大的类别，包括苔藓植物门、蕨类植物门、种子植物门等；纲的数目则要更多，但是每一纲包括的物种则更少；逐级往下，越小的类别数目越多，内容越少。

3. 分析与综合

分析和综合，简单来说，一个是将事物化整为零，一个是将事物化零为整。分析会将研究对象拆分成基本的要素，研究明白以后再拼合起来，综合成一个已经被认识的整体。例如，分析可见光的光谱时，让一道白光穿过三棱镜，分出红、橙、黄、绿、青、蓝、紫七种颜色的光，这七种光又可以合成白色的光。经过这一番分析和综合，我们可以找到很多光学现象的成因。

分析和综合是两种截然不同的方法，它们在认识的方向上是相反的。但它们又是紧密联系、相辅相成的。分析是综合的基础，分析也要依赖于综合，如果没有综合为指导，就难以对事物进行深入的分析。

4. 抽象与概括

抽象能力是人们认识事物的一项思维能力。在研究中，通过思考，排除非主要的、非本质的成分，提炼出主要的、本质的成分，从而实现认识事物的本质，这就是抽象的过程。概括则是在得出对事物本质的、规律性的认识后，推广到具有同类性质的其他事物上去。例如，人们发现金属可以导电，就可以把导电这一特性推广到所有金属上去。

演绎和归纳的关系

进行归纳和概括，有时候不只会用到归纳推理，还会用到演绎推理。逻辑学的历史上出现过两个彼此对立的派别：全归纳派和全演绎派。全归纳派认为归纳是唯一的科学思维方式，否定演绎在认识世界的过程中所起的作用；全演绎派正好相反，认为演绎才是科学的思维方式，归纳没有意义。很明显，这两种排他性的观点都是十分片面的。恩格斯曾经对归纳和演绎做出评论："归纳与演绎恰如分析与综合一样，相互之间存在必然联系。不应该牺牲一个而把另一个抬高到天上去，而应该把每一个都用到该用的地方，要做到这一点，则唯有注意它们的相互联系以及它们的相互补充。"

在人们的思维中，归纳和演绎本来就是互相联系、互相补充、不能分割的。它们既有联系又有区别。

演绎推理有时候需要以一般性知识为前提，而一般性知识通常需要通过归纳推理提供。归纳推理也离不开演绎推理。要提高归纳推理的可靠度，需要使用已有的理论知识，分析归纳推理的个别前提，掌握其中的因果关系、必然性，这个过程需要用到演绎推理。此外，归纳推理还需要依靠演绎推理来验证得出的结论。19 世纪的俄国化学家门捷列夫是元素周期律的发现者，他通过归纳指出，元素的性质会随着元素原子量的增加而呈现周期性的变化。后来他使用演绎推理发现，一些元素的原子量存在错误。于是，门捷列夫重新排列了它们在周期表里的位置，并依据现有发现，预言了一些尚未被发现的元素，并表示应该在元素周期表中给未发现的元素留出空白位置。这就是一个归纳推理和演绎推理结合解决问题的事例。

除了上述联系，二者还有以下区别：

1. 思维进程不同

归纳推理的思维过程是从个别到一般。演绎推理的思维过程是依据前提推导出结论，演绎推理可以从一般推出一般，可以从个别推出个别，可以从个别和一般推出个别。我们来举例说明：

“非正义战争不得人心”推出“一切非正义战争都不得人心”（从一般推出一般）。

“李明不是一班的班主任”推出“一班的班主任不是李明”（从个别推出个别）。

“这只动物不是哺乳动物”“猴子是哺乳动物”推出“这只动物不是猴子”（从个别和一般推出个别）。

2. 对于前提的真实性要求不同

归纳推理的大前提和小前提必须为真，演绎推理则不必如此。

3. 结论所判定的知识范围不同

演绎推理的结论不会超出前提所判定的知识范围。除了完全归纳推理，其他归纳推理的结论都超出了前提所判定的知识范围。

4. 前提与结论之间的关系密切程度不同

演绎推理的前提与结论之间存在必然的联系，因此，如果前提是真实的，推理形式是正确的，那么结论就必然是真的。归纳推理只有完全归纳推理的前提和结论之间存在必然的联系，其他归纳推理的前提和结论之间只存在或然的联系，即使前提是真实的，推理形式是正确的，也有可能得出不真实的结论。

◇ 第二节 如何完善思考的逻辑

熟悉了基本的逻辑推理方式，我们来探讨一下如何将它们利用起来，完善思考的逻辑。

在建造金字塔结构的时候，放入同一分组的思想需要具有确切的逻辑顺序，这可以确保我们放在一起的思想确实属于同一组，也可以避免遗漏相关的思想。将思想归为一组，并用概括性的词描述它们的特性之后，还需要按照一定的顺序为它们排序，以便确认这些思想的确属于同一个过程，并保证没有遗漏该过程的某些步骤。

使用演绎推理得出的思想，确认逻辑顺序相对来说比较简单——就是演绎推理的顺序。但是在用归纳推理整理思想时，则需要确认应该是哪种逻辑顺序。我们组织起来的思想并不是零碎思想的简单堆砌，而是我们通过思维发现了它们存在某种逻辑关系，才依据关系将它们有机地组织起来。

我们在写报告的时候，会使用类似的分类题目：完成任务的三个步骤、实现销售目标的三个关键因素、计划方案存在的三个问题……要想说明这几种分类存在的逻辑关系，需要进行逻辑分析。人们的大脑在思考分组问题时主要以以下三种形式进行归纳分析活动。

1. 确定因果关系

因果关系体现的是时间顺序，也就是步骤先后的顺序，原因一、二、三……合起来导致了结果。

如果需要采取某种行动，例如整顿销售部、分解年度盈利目标，那么这种行动应该能产生某种设想的效果。一般情况下，先有要实现的目标，然后才能提出实现目标需要采取的行动。

这些必须采取的行动可以看作一个流程、一个系统，就像制冷系统的所有部件都为制冷这一目标服务一样，所有的行动都为实现该目标服务。按照时间顺序安排这些行动，它们就是“因”，执行行动以后达到目标，这就是“果”。

2. 化零为整或化整为零

这种形式体现的是结构顺序，也可以称为空间顺序，即把整体拆分成部分，或将部分结合成整体。例如将一家公司分为A、B、C等部门。

3. 按重要性分类

把具有相似性的事物按照重要程度分为一组，这种方式体现了程度顺序，也叫作重要性顺序。

如果你在撰写的销售部评估报告里说“该部门存在三个问

题”，肯定不是想表达这个部门只有三个问题的意思，而是表示这三个问题存在某种共性，可以被分为一组，并且共同导致了某种影响，例如这三个问题导致销售部客户流失。这三个问题必然存在程度上的差别，也就是具有不同的重要性，所以你可以按照程度差别排列。

这三种逻辑顺序并不是排他的，既可以单独使用也可以综合使用。每一个思想分组中都应该存在至少一种逻辑顺序。在行文时，我们需要经常检查思想中是否具备逻辑顺序。如果发现某组思想缺乏逻辑顺序，那么这组思想的划分肯定存在问题，需要再次核查，直到分组正确。下面我们将逐一介绍如何应用这几种逻辑顺序。

跟着时间走

对大多数人来说，时间顺序是最好理解的一种逻辑顺序，因此它也是为思想分组时使用最广的一种顺序。如果一组思想是按照时间顺序划分的，就需要依照采取行动的步骤依次罗列为达到目而执行的行动。此时更高一级的思想可以由行动性的思想（例如建议、目标）充当，也可以由大脑思维过程中得出的结论充当。有时候，主要思想和次级思想间会出现逻辑不清的问题，原因在于罗列思想时没能分清哪个是原因、哪个是结果，也可能是没有意识到自己的思维里已经存在某种逻辑过程。

无法分清原因和结果是一种常见的情况。虽然这组行动是为了实现一个共同的结果，但是执行过程中可能存在较长较多的步骤，或者存在多层次的因果关系那么原因和结果就会变得模糊。例如，为一个新产品制订市场规划时，需要涉及很多步骤，包括了解消费者需求、设计相应的产品、推广上市、评估市场反响、跟踪市场反应、适时开发接替产品等。这些步骤彼此关联，有时需要先完成上一个步骤才能进行下一个步骤，有时有些步骤需要交叉进行，如何合理安排这些步骤是一件有难度的事情。但是如果我们了解产品生命周期曲线，就很容易看出哪些步骤对应产品生命周期的哪个阶段，也就能为它们安排合适的次序了。产品生命周期曲线可以分为这几个阶段：缓慢增长期、成熟期、快速增长期、市场接受期、衰退期。到了衰退期，就该开发接替产品了。

跟着结构走

假设你正站在一座古堡里，面前是一道长长的楼梯，要到达古堡的顶层，你必须沿着楼梯拾级而上，这就是沿着结构的顺序前进。当你用到地图、示意图或其他图像来想象某个事物时，就需要用到结构顺序。你想象的既可以是真实的物体，也可以是抽象的概念，还可以是某种过程。不过，你想象出来的事物需要能够被依据一定的原则分组。在分组时需要满足以下条件：

第一，各组之间互相独立（Mutually Exclusive），具有排他性，不存在重叠；

第二，所有组能够完全穷尽（Collectively Exhaustive），不存在遗漏。

这两条规则可以简称为 MECE 原则。

如果我们需要对复杂的问题或庞杂的资料进行分类，就可以使用 MECE 原则。如果我们做出的分类没有覆盖被分类对象的所有部分，那么最终得出的方案就会以偏概全；如果分类之间存在交叉，我们就没法理清真实的情况。运用 MECE 原则时，可以按照以下步骤操作：

1. 确定对象

首先明确要分析的对象是什么，涵盖什么范围，还有我们想达到的目的。确定对象就等于确定了分类的边界。有了边界，完全穷尽才不是一句空话。

2. 找到适当的切入点

切入点就是我们将要使用的划分标准，它决定了分组的属性。例如可以按照体积大小分类，按照颜色分类，按照功能分类，等等。切入点不是随机确定的，而要根据需要达到的目的确定。需要解决哪些问题，达到哪些目的，它们就是分类的切入点。

3. 检查是否存在继续细分的可能性

举例来说，一位销售人员依据性别对客户进行分类，确实可以穷尽所有的客户，分类之间也不存在交叉，但是这么分类能达到销售的目的吗？从销售需求来看，应该按照年龄、收入、职业、所在地等更加有针对性的标准来为客户分组。

4. 检查是否存在遗漏或交叉

进行这一步的时候，可以简单画出图表，查看各部分之间是否有重叠交叉，所有的部分是否完全覆盖整个分析对象。

以下我将列举几类 MECE 原则常用的分类方法供大家借鉴参考。

1. 二分法

二分法是一种非此即彼的分类法，在我们的日常生活中很常见，例如男和女，左和右，收入和支出，已婚和未婚，等等。

2. 流程法

是一种按照流程进行的顺序进行分类的方法。例如将一项工作按照不同阶段进行分类。

3. 要素法

将一个对象拆分成几个不同的要素，例如优秀产品具有的六大特点，全面型人才具备的四大素质，等等。

4. 象限法

这种方法也是各领域经常用到的一种分类法。我们可以先画出一个坐标轴，垂直和水平方向的两条直线分出四个象限，然后限定上下、左右四个方向各代表什么。例如，在布置工作任务的时候，可以分为重要且紧急、重要但不紧急、不重要但紧急、不重要且不紧急四类，分别对应四个象限，既没有重复也没有遗漏。使用象限法需要用到两次二分法，如上边这个例子就需要先按“是否重要”划分一次，再按“是否紧急”划分一次。

无论在生活中还是在工作中，MECE 原则都是按结构分类的一个便利工具，在遇到问题时，不妨考虑使用 MECE 原则梳理思维，帮助自己整理出脉络清晰、角度全面的方案。

跟着重点走

最后一种是重要性顺序，也可以叫作程度顺序。如果我们认为一组事物具有某些共同点，并将它们分为一组，就适合采用这种顺序，例如五个问题、四条建议等。在这种情况中，尤其容易出现简单地堆砌观点而缺乏逻辑思考的问题。因此，需要在一开始就注意创建合适的分组。

前文我们说过，当你指出“该部门存在三个问题”时，并不是表明这个部门只有三个问题。假设这个部门一共存在一百个问题，你单独提出这三个，说明这三个问题具有区别于其他问题的共性。这三个问题和其他问题应该彼此排斥，并且合在一起能囊括所有的问题，即这种划分应该符合 MECE 原则。因此，应该明确指出的这三个问题具有什么共性，并将它们按照重要性的顺序从高到低排列。

有些人可能存在不同看法，认为应该按照重要性顺序从低到高排列，这样读者越往后看越感到触动。需要指出，这种先抑后扬的写作方法并没有错，只是一种不同的表现风格，但是我们需要清楚自己写的是什么文章，工作文件往往更重视逻辑性，而不是戏剧性，所以需要从高到低。但是也有例外，如果我们确实需要自己的文章给读者带来冲击，也可以采用重要度从低到高的顺序。

总的来说，要检查某个分组是否合理，检查该组的逻辑顺序是重要手段。如果需要确定一组思想的主题，最好的做法是逐条阅读，看看能否发现逻辑顺序——时间顺序、结构顺序或重要性顺序。如果不能，这组思想就需要再斟酌、调整；如果可以，应该能从中得到某种概括性的结论，这一点我们将在下一节展开讨论。

◇ 第三节 概括分组思想

在金字塔结构中，思想都是以上统下的，每一层的主题思想都是对其下一个层次的所有思想观点的抽象、提炼和概括。上层思想是从下层思想衍生出来的。

在由演绎推理关系组织起来的一组思想中，演绎推理的结论就是上层思想主题，只要将结论用合适的语言表述出来就可以了。而在由归纳推理关系联系起来的一组思想中，每条观点相对独立又具有紧密联系，组内所有观点之间的联系所体现的意义才是上一层思想的主题。从由归纳关系组成的思想中提炼上层思想，需要缜密思考、综合概括，可以说，提炼上层思想的过程就是我们的大脑完成思考的过程。

很多人并不具备完成这个思考过程的能力，或是没有意识到这个关键的环节。很多人习惯性地把一些自己认为相关的思想罗列到一起，觉得这就算给思想分组了，实际上他们根本没有深入地进行有效的逻辑思考。我们在上文已经指出过这个问题，这样堆砌的思想无法找出逻辑关系，也无法提炼出真正有用的观点。而且，即使分组是正确的，这些被归拢到一起的思想确实是同类，要精确地概括出它们的主题也并不容易。如果不肯花费一番心思，大概率就只能用一些空泛的句子敷衍了事，比如写下“我们的五个建议”这类毫无帮助的主题。这样的句子是没有思想的，读者看到以后并不知道作者要给他们传达什么思想，而只是得到了一个非常大的类别，要知道，“五个建议”也许存在无数种可能。金字塔结构里出现这样的句子，表示这个分类出现了缺陷，是不成功的。

概括思想切忌空泛

英国数学家刘易斯·卡罗尔（Lewis Carroll）在那部享誉世界的童话《爱丽丝漫游奇境记》中写过一首意蕴深远的诗《空洞巨龙》，挥剑直指行文空泛的弊病：

> 光滑如菱鲆，蜿蜒蠕动，缠绕似藤萝，转动裕如，
> 模仿诚可信，真伪难辨，反应虽敏捷，难掩愚蠢。
>
> 行文旅途谨防空洞巨龙，误受其害难免裂肤伤心，
> 书林漫步远避鸣禽聒噪，浮华伴侣不啻鬼怪妖精。
>
> ……
>
> 他的思路正在驰骋纵横，空洞巨龙此时乘风来临，
> 一路飘来仍旧废话连篇，眼冒凶光俨然咄咄逼人！

以上引文节选了全诗的三段，在卡罗尔看来行文中的空洞无异于恶龙，看似很有技巧，却会带来毁灭性的灾难。

没有思想的空泛的句子是干瘪的，读来让人不知所云，尤其是在工作文章、工作演示或演讲中，这样的语言没法吸引读者的注意力。即使读者硬着头皮看下去，也很难准确把握作者要传达的思想，最终双方都不能达到沟通的目的。我们来看这样一个例子。

在周二上午的会议上，吴棠所在的企划小组要讨论决定派去采访某位作家的人选。

“我觉得卫佳最合适。”组员韩书说，“他和这个作家都是A市人。大学的专业也一样。”他想了想又补充说，“而且他们还都喜欢养花。”

不等韩书的话音落下，蒋飞就表示反对：“我觉得这几点理由都站不住脚。”他开始罗列自己的观点，“我们都知道这位作者并不喜欢别人和他拉关系，而且读过他的书的人都知道，比起A市，他更喜欢在B市生活，所以才搬到了B市。找一个来自故乡的记者采访他并不一定能引起他的共鸣，可能还适得其反。大学专业一样不是很突出的优势，咱们部门好几个人都和他同专业。养花的爱好有些牵强，作者只是偶尔分享家里养的花，频率不高。”

吴棠点点头接过话题，说道：“蒋飞的分析有道理，但是韩书推荐的人选也有可取之处。”他开始阐述自己的看法，“我觉得卫佳和这位作者其实是一类人，他们的经历有相似之处，很多观点也一致或接近。而且据我所知这位作者对拉美文学比较推崇，卫佳在上一个项目里做了很多关于拉美文学、拉美作家的工作，正好可以派上用场。至于兴趣爱好方面，除了韩书提到的养花之外，宠物、电影方面也算他们的共同话题。”

会议讨论最终决定由卫佳采访这位作者。

在这个例子里，韩书推荐的人选并没有问题，但是他列举的理由却每一条都站不住脚，他所说的这些推荐原因就是一组典型的缺乏思想的句子。听众听完他的话并不能直接得到有价值的内容。在韩书说第一条原因的时候，听众可能以为两人“都是A市人”就是他说话的要点，他接下来应该就这一点做一些阐释，让观点更有说服力，但是下一句就立刻转到“大学的专业也一样”上去了。“都是A市人”和“大学的专业也一样”之间并没有多紧密的逻辑关系，听众的思路也被打断了，他们没有听到设想中对“都是A市人”的解释。紧接着韩书又抛出了第三个原因“都喜欢养花”，这个观点和前两个观点之间的逻辑联系更加薄弱，显得更加突兀。听众听完这三个原因没法马上把它们联系起来，整合成一个有价值的思想，他们可能就其中一点进一步思考，也可能试图找出三者的关系。而韩书罗列它们，希望用它们来支撑自己的观点——“卫佳是最适合的采访人选”的目的也落空了。

反观吴棠的表述，他先表示卫佳有可取之处，接着说明理由——他认为“卫佳和这位作者其实是一类人”，这是一句总结性的话，能概括他的观点。听众一听就清楚，接下来便想知道他们为什么是一类人。吴棠也没有让听众失望，紧接着就罗列了支撑自己观点的理由。

如果韩书在表达观点之前先明确自己要说的观点，用一句概括性的话提纲挈领，效果会好得多。而且这句提纲挈领的话一定要有实在的含义，“卫佳和这位作者其实是一类人”“卫佳和这位作者有四个共同点”，这两种表达方式对比起来，显然“是一类人”更容易引起听众的共鸣，更容易被听众理解和接受。

此外，用空泛的句子总结思想还有一个弊端，那就是掩盖思考过程的不足。我们知道，对一组思想进行抽象、总结，能够促使我们不断思考，长期来看，有利于训练我们的思维。空泛的总结句无法体现真实的逻辑关系，无法引导我们进行有逻辑的思考，也无法促使我们创造性地思考。

明确指出行动目标

我们在工作中撰写的很大一部分文章，主旨都是要求我们采取某种行动，所以它们的中心思想可以用表示行动的词概括，例如建议、举措、步骤、变革、流程、目标等。像编写工作手册时就经常需要用到这些表示行动的词。这些词虽然很简单，但是说清楚它们代表的东西可一点都不容易。阐释指导行动的思想，在思想之间建立联系、概括结论，向他人说明如何执行某个方案或如何认识某个事物，需要一场复杂的思考。也许这是世上最难的思考过程，因为我们在做的事是把思想装进别人的脑袋。我们应该都经历过读到不知所云的说明文字而一头雾水的时刻，这就是作者思路不清晰、概括不准确的表现。

无论我们做什么，行动背后都有相应的动机，即我们的行动要达到的目的。所以，对一系列行动最恰当的概括就是行动的结果。一组符合 MECE 原则——各组之间互相独立、所有组能够完全穷尽——的行动思想，加上它们的结果，能够组成一个完整的独立体系。我们可以把这个体系理解为一串电脑指令，我们知道，电脑逐条执行完设定的指令后，必然得出预想过的结果；同理，我们采取这个体系里的行动后，肯定会达到特定的结果。

金字塔结构是个多层结构，如果一个金字塔结构中有很多组位于不同层次的行动思想，就会产生多个不同层次的独立体系，上一层的某个行动可能就是下一层的一组步骤的结果。

要理解这种多层的结构并不难，但是要区分每一条代表行动的思想却很难。因为每一组归拢在一起的行动思想，唯一必然的联系是它们组合在一起造成的结果，除此之外可能看不出任何关联。例如，要预防某种呼吸道疾病需要采取以下措施：戴口罩、多洗手、保持空气流通。如果去掉预防疾病这个结果，单独拿出其中任何一条，都无法和其他做法产生必然联系。所以，在表述做法之前必须先指出这些行动要实现什么目标，达到什么结果，基于这个前提，我们才能判断给出的行动是否存在遗漏。

讨论进行到这一步，有人可能会提出疑问：结果是要实施一系列行动以后才能出现的，还没有实施行动时，我怎么知道结果是什么？是的，在这个体系里，结果需要通过行动达到，行动需要通过结果确定，二者存在相互依赖、相互决定的关系，这的确给我们理清思路增加了难度。如果要表达的是一个多层级的金字塔结构，无疑难度更大。

但是，难度大不等于没有解决办法，这里有一些可以解决这个疑惑的技巧：在把所有的行动串联起来之前，先使用准确的句子概括每步行动；尽可能地把每组里的行动控制在 5 个以内，找出具有明显的因果关系的行动，结成组合；基于以上行动、步骤、流程来总结出行动的结果或目标。

在具体的操作过程中，可以采取以下步骤。

1. 语言明确

在金字塔结构中，每组思想都应该符合 MECE 原则，既没有重叠又没有遗漏。要判断一组思想是否没有遗漏，必须要能明确地找出这组思想的目的，就像设计师在构思阶段已经想象出产品拿在手中是什么样的一样。含糊其词的表述是行不通的，例如，你不能说“销售部要采取这些手段提高销量”，怎样算做到了提高销量呢，多销售一个和多销售一万个都属于提高销量的范畴。明确的表述方式应该是这样的“销售部要在今年 12 月 31 日之前通过五个措施将销量提高8%”。这样既可以让读者有个清晰的概念，也可以帮助自己检查思路，判断这些措施能不能帮自己实现目标。当然，并不是所有的目标都必须用数字表达，只要语言清晰明确，传达信息无误即可。

2. 层次清晰

大部分人在表述要采取的行动时，往往会这样操作：他们希望读者采纳什么顺序，自己就按什么顺序表述。但是这么做有一个漏洞，就是容易把原因和结果摆在一个层次上，这样一来还何谈金字塔结构呢？

为了应对这种情况，需要逐步培养起分层意识。当看到各个步骤、流程时，要有意识地给它们划分层次，将每个层次上的步骤控制在五个以下。这样做了以后，能够更容易地看出某个过程的整体情况，在总结目标时，需要考虑的条目也减少了，难度降低了。

应该如何为行动划分层次呢？其实很简单，如果你需要在采取A行动之前先采取B行动，那么这两个相关联的行动就在同一个层次。如果采取了C行动会出现D行动，那么C行动就比D行动低一个层次。下面让我们通过两个例子来直观地感受一下。

案例一：

宋明给自己制定了学期目标——期末考试各科均拿到A，为了达到目标，他决定采取以下行动：

日常学习：保持优势科目成绩：（1）课上认真听讲

（2）课后及时复习

提升劣势科目成绩：（1）分析成因

（2）改进学习方法

（3）增加练习

考前复习：熟悉考试大纲

梳理知识框架

补足短板

考试期间：保持心态稳定

合理安排时间

案例二：

高飞常常因为完不成作业受到批评，今天他决定挑战一下自己，完成所有作业，他给自己这样规划：先完成最简单的语文作业；其次是英语作业；数学作业放在最后。

在第一个例子里，宋明的目标是期末考试每科都拿到A，他把行动拆分为日常学习、考前复习、考试期间三部分，日常学习又分为保持优势科目成绩、提升劣势科目成绩两部分，其中提升劣势科目成绩又细分为分析成因、改进学习方法、增加练习三部分。可以看出，只有完成了更低层次的所有目标，才能完成上一层次的目标。

在第二个例子里，高飞为了完成作业而先写语文作业，后写英语作业，最后写数学作业，它们在一个层次里，完成这三个步骤都是为了要实现完成作业的目标。

这一环节可以帮助大家依据行动的目标划分出清晰的层次，下一环节就需要概括行动结果了。

3. 预见结果

做到以上步骤以后，接下来就需要总结概括这些步骤的结果了。这一步难度较大，但是不可省略。在总结结果的时候，需要注意以下两点：

第一，每一个组内的行动都无重叠、无遗漏；

第二，总结的关键句需要明确地表述完成行动后的结果。

这两条规则应该记下来，它们的应用范围不止于此，还能帮助检查思维的每一个步骤。

结论之间须有共性

我们要表达的思想通常可以分成两类，一类是行动性思想，一类是描述性思想。行动性思想常常告诉人们需要做什么、采取哪些建议、进行哪些步骤等。描述性思想通常是告诉人们关于某些事物的情况，例如问题的原因、方案的结果等。描述性思想一般可以用原因、问题、结论一类的词语来概括。

将这个思想和那个思想分为一组，是因为它们有共同点，也就是存在共性。这一点我们在前面已经讨论过。在上一节讲述怎样完善思考的逻辑时，我们举过一个例子，一个部门存在一百个问题，当你指出“该部门存在三个问题”时，说明这三个问题存在共性。实际上，你只是从一百个问题里拿出了一部分。

把那三个问题拿出来摆在那里，并没有多少实际价值。从一个整体中找出具有共性的一部分，是整个思维过程的起点，我们只是看到了一些有思考价值的问题。接下来，还需要找到这些问题的共同点，判断出这些问题确实可以分为一类。最后也是最有难度的一步，是找出它们具有的共性有什么现实的意义、普遍的意义，做到这一点，可以说我们已经提出了自己的新思想、新观点，完成了一个得到升华的思维过程。

很多人做完第一步就停下了，他们认为自己已经发现了问题，揪出了问题，做得很不错了。很可惜，他们没有继续做更重要的第二步和第三步。这三个步骤具体如下：

第一，找出结构上的共性，这是将思想连接在一起的关键；

第二，找出思想之间更紧密的关系；

第三，归纳跃进，总结出主题思想。

首先是找出结构上的共性。只有具有一定的共同点，思想才能被联系在一起。描述思想的词语需要组成主谓结构，即必须有主语和谓语。从结构上看，具有共性的思想通常满足以下条件：主语类型相同；谓语类型相同；包含类似的内在思想。需要说明一下，“类似的内在思想”应该属于同一范畴，或者可以被同样的名词概括。

这些条件分别适用什么情况呢？当一组句子使用相同的主语时，就需要从谓语之间寻找共性；当一组句子使用相同的谓语时——动作、对象相同，就需要从主语之间寻找共性；如果两者都不一样，就需要从内在思想之间寻找共性。

从字里行间寻找共性，看起来好像并不难，但实际操作起来可能就不那么容易了。而且，也许出乎一些人的意料，从遣词造句更加符合规范的文句间找共性难度更大。这是怎么回事？原来更加正规的语句不容易被发现问题，反而阻碍了我们进行深入的思考。举个例子，我们见过很多这类描述：六个原因、五个要点、三个主题……一般来说我们会觉得它很有条理，很少会针对这种表述提出疑问。这就是表面的语言文字掩盖了内在思想本质的情形。我们可以通过一个例子来深入了解一下这种情况。

营销部门的新的推广流程具有四个特点：

1. 推广周期和评估体系以周为单位。
2. 推广流程综合各方面意见制定。
3. 推广流程需要由总到分地分别制定。
4. 将区别原流程与新流程在做法上的不同。

刚一看到这段表述，似乎没什么问题，语言工整、正式，看起来是言之有物的。不过了解过金字塔结构的人应该能很快发现段首的概括性的句子存在问题，不能概括下面表述的内容。认真细读以后我们能看出来，这四句话的主语基本都是推广流程，精简一下句子成分，摘出各句能体现主要内容的部分：

1. 以周为单位。

2. 综合各方面意见制定。

3. 由总到分制定。

4. 区别原流程与新流程。

现在可以很明显地看出问题了，这些句子并不能归纳成一条主题思想，它们缺乏紧密的联系，我们找不到实行它们要达到的目的。加上段首那句无法概括思想的句子，读者很难进一步分析这段话要表达什么意思。

经过不断修改，这段话变成了下面这样：

为了增强宣传效果、增加盈利，营销部门制定了如下的新推广流程：

1. 每周反馈推广效果，以便及时调整。

2. 各部门参与制订详细的推广计划。

3. 推广成效及时通过工作考核进行体现。

现在读者终于理解作者要表达的意思了。

上面这个例子中只有四条思想，分析起来比较简单。有时候需要表达的思想会有五六条甚至更多，可能不容易很快找出问题。面对这种情况，不但要寻找它们的共性，还要找出它们之间更密切的关系。例如，有人发现公司的运作系统存在问题，就写了一份报告，罗列了七个问题，经过分析，其中两个问题属于财务部门，两个问题属于人事部门，另外三个问题分别属于销售部门、生产部门、设计部门。可以看出来，属于财务部门的两个问题可以分为一组，属于人事部门的两个问题可以分为一组，因为它们两两之间存在更密切的关系。重新分出的组经过概括以后得出的结论，可以与其余三个问题再次组成一组思想，说明公司存在的问题。

我们再来看另一个例子。某家科技公司有意拓展人工智能领域的业务，因此向咨询公司进行咨询，咨询顾问给出了以下建议。

> 综合评估以后，我们得出以下观点：
>
> 1. 人工智能领域潜力巨大。
>
> 2. 人工智能的市场增长较快，利润可观。
>
> 3. 整体来看，行业趋势极佳，但由于发展中的不稳定因素，部分市场存在风险。
>
> 4. 存在行业壁垒，入行有难度。
>
> 5. 总的来说，人工智能市场具有很大吸引力，但是也有一定风险。

这组思想其实可以细分为两部分：有利因素、不利因素。有利因素有市场潜力大、增长快、利润可观；不利因素则是存在行业壁垒、不稳定因素。而这份报告对这家科技公司有任何实际意义吗？我们很难说有。因为这份报告只是罗列了客观情况，并没有提出有建设性的建议。

我们来进一步分析一下这些条件，有利因素很清楚了，不利因素还可以进一步对比分析。存在行业壁垒，说明进入这个市场并不容易；部分市场存在风险，说明即便进入这个市场也可能进入风险区域。基于这些认识，咨询顾问应该得出给客户的明确的建议。

在这个例子中，我们就是根据已有思想，归纳跃进，总结出了主题思想，得出结论。

经过本节的讨论，我们知道了给思想分组以后，工作还远没有完成。我们要检查自己的分组，确保没有把思想简单地堆砌了事，我们不能把思考、推理的工作推给读者去完成。我们得自己考虑清楚思想之间的关系，并将其呈现给读者。

每次进行分组以后，我们都可以问问自己分组依据是什么。首先它们肯定存在共同点，并且是具有这种共同点的所有的思想；在上一条的基础上，概括这组思想的句子要反映这组思想的共同点所体现的意义；最后一点，这些思想都是为某个目标服务的，是必须采取的步骤，而能够概括它们的思想就是他们导致的结果。

如果在使用金字塔结构的时候，能够认真地贯彻以上各个步骤，扎实地走完整个思考过程，仔细审视每组思想，得出精确的结论，那么我们呈现出来的文章会是清楚、准确、具体的。这样的文章才能为读者所接受。在这个过程中我们还能让自己的思维能力得到锻炼。

第二部分

应用篇

“学而不思则罔，思而不学则殆”是我国历史上著名的教育家孔子提出的一种观点，一味地埋头读书却不思考，就难以理解书本上的知识，更遑论使用，最终会感到迷茫；一味地空想但不学习知识、钻研问题，就只会停留在空想中，一事无成。学与思是相辅相成的。

这个道理放到我们当前对金字塔原理的学习中也一样适用，我们不仅要了解它的理论、概念，还要多思考、多应用，利用这件工具去解决问题，在实践中加深对理论的理解，在应用中巩固习得的知识。与此同时，也可以让有理论指导的行动更加顺利。

在这一部分中，我们将重点讲述金字塔原理在多个领域的应用情况，包括沟通、写作、演示、解决问题等方面。在前文的讨论中，我们对写作、演示等领域有所涉及，讲过一些相关的案例，在这一部分我们将系统性地、更加深入地进行剖析，帮助大家加深理解，加强应用能力。

第四章

实现精准表达与高效沟通

有人发出过这样的感慨：职场中 80% 的问题出在沟通上！

相信很多有切身体会的人看到这句话会频频点头，十分有共鸣。诚然，在工作中，我们常常要和很多人打交道，有时候是认识的同事，有时候是新开发的陌生客户，有时甚至是有过节的竞争对手。即便是认识的同事，也有上级、下属的区别，以及亲疏远近的差异。如何在错综复杂的人际关系中自处，如何精准、正确地把自己的观点传达给目标对象，并获得期望中的反馈意见，是无数人每天都要面对的困扰。

朱玉正在为新项目的事忙得不可开交，平时很少有交集的同事秦琴突然发来一条消息："在吗？"

朱玉耐心等了等，但过了一分钟都没有下文。朱玉有些郁闷，决定先继续忙手头的工作。她刚重新找回思路，工作了十来分钟，秦琴的消息又冒出来了："在吗？"不过这次又补充了一句，"找你有点儿事。"

朱玉调整了一下情绪，耐下性子问："什么事？"

没想到这下像打开了秦琴的话匣子，她竹筒倒豆子似的哗啦啦倒出一大堆话，从工作不容易一路扯到了生活压力大。朱玉一头雾水，一度以为秦琴认错人了，就在她犹豫着是否应该打断对方，询问一下到底什么情况时，秦琴话头一转终于说出了真实的需求：“公司让我负责一部分网上销售平台的工作，我一点经验都没有，听说你以前是做这方面工作的，可以教教我吗？”

朱玉随便翻出几个教程发过去，写了句“我都是跟着这上面学的”，关掉了对话框。她看看时间，近一个小时过去了，看来今天又得加班了。

后来朱玉和朋友谈起这件事，十分无奈地说：“如果对方能更直接地说明诉求，我会根据情况提供一些力所能及的帮助，但是看她连这么简单的事都能绕这么大的圈子，我实在是有心无力，这根本没法沟通嘛！”

看过上面这个小例子，不少人可能要一拍大腿，喊一句“这说的不就是我的遭遇吗”！把话说清楚、讲明白，看起来是个很简单的标准，但现实生活中很多人都做不到。在这个例子中秦琴一上来就问对方“在吗”很容易引起对方的反感，朱玉并不知道她发起对话的原因，无法确定自己该给出什么回复，再加上手头的工作确实很忙，没有回复也在情理之中了。在秦琴第二次发起对话后，两人终于展开了沟通，但是秦琴离题万里，花了近一个小时诉苦，讲述自己的不易，初衷应该是想引起朱玉的同情，从而使朱玉更快地答应自己的要求。但是她没有考虑到，在事先不知道秦琴的诉求的情况下，朱玉很难对她的遭遇感同身受，只会感觉她在发牢骚、诉苦水。最后，等秦琴的诉求终于“千呼万唤始出来”时，朱玉的耐心早就耗光了，没有发飙已经很不错了，更别提会耐着性子指导她了。而且，她还给朱玉留下了沟通能力差的不良印象。

试想一下，如果一开始秦琴换个沟通方式，这样开场：“朱玉，冒昧打扰挺不好意思的，最近公司让我负责一部分网上销售平台的工作，我在这方面经验几乎为零，看了一些资料感觉还是不得要领。听说你以前从事过这方面的工作，想向你咨询一下。”看到这样的诉求，即便朱玉由于工作繁忙或其他原因不能提供细致的帮助，也可以简略地提供一些方向性的建议。再退一步来讲，朱玉至少不会认为秦琴是个连话都说不清楚的人。

在这一章，我们会探讨一下沟通方面的问题，看看金字塔原理在沟通方面有哪些助益；还会介绍一些沟通上的技巧，希望能帮助大家举一反三，增强在沟通中的理解能力，进而提升沟通能力。

◇ 第一节 做好准备工作

人们常说“有备无患”，事先做好准备是很多工作都有的要求，例如建筑公司建造房子之前会先准备好建筑材料，厨师烹饪大餐之前会先准备好食材，就连我们出门去上班都要做一番准备工作：洗漱、换衣服、检查物品等。那么沟通需要做什么准备吗？

有人可能会想：沟通，不就是说话吗，那有什么好准备的？该说什么就说什么啊。其实不然，虽然我们随时随地都在和别人沟通交流，但是沟通远比很多人所认识到的要复杂。要实现良好的沟通，首先需要全面地认识沟通。

沟通是人们彼此传递信息、分享思想、传达情感的过程。沟通需要向外输出观点，也需要接受反馈，沟通的目的是使双方思想达成一致或者情感产生共鸣。沟通的形式并不局限于交谈，实际上，口头语言、书面语言、形体语言、个人习惯、外在环境，一切可以影响正在交流的信息的含义的东西都囊括在沟通的形式里。但是对人类来说承载信息最多的是两种形式：语言沟通和肢体沟通。

语言是人类掌握的一种特殊的沟通技能，与其他所有沟通形式比起来，它既高效又便捷。例如一个人去商店买剪刀，用语言沟通，只需要简单地说出“我要买剪刀”售货员就能准确地理解。如果不用语言沟通，可能就得比比画画，做动作让另一方来猜了，很容易造成误解。

口头语言和书面语言都属于语言沟通的范畴，此外，图片和图形也属于此类。面对面交谈、打电话，都是口头语言沟通；信函文件、传真、电子邮件等属于书面语言沟通；幻灯片、影像等则属于图片图形类的语言沟通。

相比于思想和情感，在沟通的过程中，最容易被传递的是信息。举个例子来说明一下。今天下午茶的时候，你吃了一块美味的芝士蛋糕，喝了一杯奶茶，感觉十分惬意愉悦，你觉得芝士蛋糕和奶茶是伟大的发明，是提升人们幸福感的绝佳选择。之后你笑着对你的朋友说：“我下午茶时吃了一块芝士蛋糕，喝了一杯奶茶。”朋友首先接收到的是你“吃了一块芝士蛋糕，喝了一杯奶茶”这一信息，然后从你的表情（可能还有一些其他的肢体动作）上看出来你心情不错，这是你的情感。到目前这个阶段，朋友能获取的内容只到情感这一步，至于你认为的“芝士蛋糕和奶茶是伟大的发明”这些思想上的内容，除非你直接说出来，否则对方很难猜到。

有没有什么渠道帮助我们更好地传达思想和情感呢？有，那就是肢体语言。肢体语言的内涵十分丰富，我们的动作、表情、眼神都属于肢体语言。其实，我们的声音也是一种肢体语言，当我们说话的时候，使用不同的语气、不同的声调，传达出来的情感也不同，听话听音指的就是这个意思。除了声音以外，眼神、表情都能传达情感，所谓察言观色，指的不就是通过脸色辨别情绪吗？

要实现良好的沟通并不容易，进行沟通时应该有意识地避开那些沟通陷阱，例如不恰当地聆听、错误地阐述信息、制造错误的印象等。最有效的沟通方式是把语言沟通和非语言沟通结合起来。

进行一轮沟通，沟通的双方需要经历四个步骤：

第一步，传达方组织内容；

第二步，传达方表达内容；

第三步，接收方接收信息；

第四步，接收方理解信息。

在这个过程中，接收方需要消耗注意力来接收信息、理解信息。如果传达方给出的信息条理清楚、便于理解，接收方就可以更快速、更轻松地完成理解的过程，反之，接收方则要在理解信息上花费大量精力。我们应该有这类经历：听到一段逻辑不清的话，半天理不出头绪，或者得到一个模糊的指令，想破头也想不出到底该做什么。这就是沟通不畅带来的麻烦。

沟通也存在不同的模式，难度最低的就是闲聊式沟通。闲聊式沟通不需要想太多，兴之所至信口开河，不需要明确的主题，和朋友、家人随便聊聊可以用这种方式，但是用在工作上就会让对方摸不到重点。

难度稍高的是开门见山式沟通，一开口就直奔主题，但是这样做信息不够全面，有时会遗落重要信息，需要反复打补丁。不少人应该经历过这样的情况，上级下达指示，要求我们做一个方案，但是没有提出详细要求，所以我们只好自行揣摩，做出来的方案往往不合上级的心思。其实这种时候你应该把所有能想到的问题都列出来，逐一问清楚了再动手，例如，方案的目标是什么、有哪些要求、什么时候做出来，等等。

难度更高的一类沟通是信息全面式沟通，既可以开门见山地表达清楚观点，也能够保证没有信息遗漏。其不足之处是不能换位思考，只考虑了自己的需求，没有考虑对方的情况。例如有些合作方在提要求的时候不考虑时间场合，也不考虑对方的执行条件，很容易出现受限于客观情况，无法取得既定目标的情况。

难度最大、效果最好的沟通模式，是用户思维式沟通，既能完整地传达自己的所有观点，又能让对方易于接受、乐于接受，也就是我们通常说的“情商高、会说话”。

交谈、劝说、授课、谈判，都属于沟通的范畴，与他人建立良好的沟通，保持健康的人际关系，对我们每个人都意义重大。在进行沟通之前，我们可以从以下几方面着手准备。

1. 注重逻辑

很多人在和别人沟通的时候，说不清楚、讲不明白，关键在于自己没有理清逻辑，没有弄清楚因果关系。观点的前后顺序混乱，自己说着费劲，别人听着也很难理解。这个问题可以利用金字塔原理逐步改正。下次要表达观点时，试着把结论放到最前面，接着说支持结论的内容，以此类推。

2. 简明扼要

有时候一些人说话，啰啰唆唆、杂七杂八说了一大堆，好像面面俱到，但是仔细一想，提炼不出多少有价值的信息。这是因为说话的人表述不够精简，夹杂了太多无用信息，干扰了他人的理解，听众根本抓不住重点。习惯这么说话的人可以进行一个小训练——“一句话表达”，无论你想说什么，都先精简成一句概括中心思想的话。慢慢地你将能够识别哪些话是必须说的，哪些是多余的，以后说话就能优先表达核心内容了。

3. 力求准确

有些人说话不喜欢把话说死，总爱用一些模棱两可的模糊性词语，例如也许、大概、差不多、还可以、过一会儿、等两天……听起来确实比较委婉、不强硬，但是越模糊的词语越会削弱传达信息的效果，例如，部门领导在周一上午给下属安排一项任务，说“过两天把方案发给我”就不如说“周三中午 12 点前把方案发给我”。因为领导说“过两天”的时候，首先就表现得自己不重视截止时间，其次模糊性的时间范围有很大的理解空间，员工可能觉得周三下午也在“过两天”的范围里，理解成周四也不能说完全不对。在工作场合，能够精确表述的内容一定要精确表述，如果暂时无法精确表述就要说明原因，并把接下来可能发生的情况变化及时通知给对方。

4. 统一认知

还有一种情况，表述者逻辑清楚、语言简洁、表述准确，看起来没什么问题，可是受众还是理解不了他要说什么。这就是社会上另一种比较常见的沟通问题了——表述者和受众的认知水平不一致。有些人看到费解的内容也时常开玩笑说“所有的字我都认识，连在一起就不知道在说什么了”，体现的就是认知不一致的情况。一个大学教授用术语向外行人讲述什么是量子纠缠，哪怕讲得再好，别人也听不懂；而一篇语言浅显的科普短文，大家却都能读懂。这就提醒我们，在沟通时要注意了解沟通对象的情况，使用适当的语言和方式进行沟通。

5. 人性化

有这样一种说法：沟通的 30% 是内容，70% 是情绪。这就足以说明情绪在沟通中具有举足轻重的地位，而它恰恰是经常被忽略的部分。人性化地进行沟通，照顾到对方的情绪和需求，是具有高水平沟通能力的表现。如果只讲是非对错，不顾及他人的情绪，很可能激起对方的逆反心理——“你说的都对，但我不想听”，甚至产生好心办坏事的结果，导致沟通还没有进入正题就宣告失败。例如，丈夫本来想和妻子讨论假期家庭旅行的计划，刚好看到垃圾桶满了，就先问了一句：“你没倒垃圾？”妻子工作一天本来已经很疲惫了，听到这样的问话立刻反驳说：“凭什么我就应该倒垃圾？”就这样，两人你一句我一句地开始翻一些鸡毛蒜皮的旧账，本来能够惬意地讨论旅行计划的晚上就这么被毁了。其实，如果丈夫把第一句话换成“咱家该倒垃圾了”之类的表述，完全可以避免一场口舌之争，也许两人还可以一起下楼，边散步边讨论旅行计划，顺便把垃圾扔掉。你看，有时候一种含义用不同的方式表达出来，结果可能天差地别。

沟通的重要性，无论怎样强调都不为过，我们的生活由沟通维系着，我们的工作就是一种广义上的沟通，报告、文案、邮件、会议、数据、图表、视频、广告、简历、合同……这些通过不同载体以不同形式呈现的内容，都是在进行沟通，旨在将信息传达给不同的群体——同事、客户、消费者……世界就在无数的沟通中运转着。

◇ 第二节 既要会说，也要会听

沟通是一件双向的事情，他人说出口的话传递到我们这里，需要我们进行接收，并在大脑中进行加工处理，然后给出反馈。这样一来一回，循环往复，彼此的信息就实现了交换，在这个过程中还可能碰撞出新的思想的火花。沟通的这一形式上的特征就要求我们，进行沟通时不但要会说，也要会听。

我们先来看两个案例，也许你在生活中也遇到过类似的情况。

案例一：

陈萌到朋友冯悦家做客，在冯悦腾不出手时帮着照顾了一会儿她的女儿。为了让四岁的小朋友安静下来，陈萌拿起一本童话书开始朗读：

“一天晚上，一只小燕子飞过这个城市的上空。六个星期以前，他的朋友们就已经飞往埃及了，但是他却掉队了，因为他太贪恋芦苇小姐的美丽。当时正值早春时节，他沿河追赶一只黄色的飞蛾，然后便遇到了她。他喜欢上了她那纤细柔软的腰肢，便停下来同她交谈。

"'这样的恋情是荒唐可笑的，'其他燕子嘲讽地说，'她既贫穷，又有一大堆亲戚。'他们说的倒也是实话，河里的芦苇随处可见。"

没想到还没读几段，小朋友就不耐烦了，跑去缠着忙碌的冯悦，抱怨听不懂陈阿姨讲的故事。

闲下来以后，陈萌特意就这个情况询问冯悦："你们平常为孩子读书也是这样吗？"

冯悦详细问了陈萌是怎样读的，了然地笑笑，解释说："我们给孩子读书的时候会特别留心，遇到'他、她、它'这样同音的代词，会用角色的名字替换掉，不然小朋友听一会儿就犯迷糊了，不知道到底在说哪个'他'。"

陈萌听了恍然大悟，她从来没有想过给小朋友朗读需要考虑到他们那个年龄段的理解能力。

案例二：

唐鑫和刘宇是同事，都在一家软件开发公司工作。最近公司正在参与一个项目的竞标，为一家从事传统行业的企业设计手机端的应用。由于对方公司规模很大，实力雄厚，唐鑫的公司从上到下都十分重视这次竞标。唐鑫了解到这家公司的经营内容和经营模式都比较守旧，几乎没有涉足过移动互联网业务。

第一次会商的时候，公司安排主持设计的刘宇作为主讲人向客户介绍。刘宇准备得十分充分，应用的设计也十分巧妙，唐鑫认为自己的公司大有希望中标。在刘宇信心十足地侃侃而谈的时候，唐鑫观察了一下客户的反应，令他意外的是，客户似乎并没有对刘宇讲述的方案产生多大兴趣，反而皱着眉头，时不时低声交谈。唐鑫仔细辨认，才听到一句“UI是什么”。唐鑫突然想起之前了解过的客户的情况，立刻明白问题出在哪儿了。他及时找准机会，把情况反馈给刘宇，刘宇赶快调整了表述方式，以外行人也能理解的话语对产品进行介绍。

经过几轮反复沟通，唐鑫和刘宇的公司最终拿下了这个项目。签约那天，客户公司的负责人一边和他们握手一边说：“这段时间我接触了好几家软件公司，只有你们的报告最简洁明了，一听就懂。”

这两个案例，一个是日常生活中的一件小事，一个是工作中非常重要的商务合作，看起来是八竿子打不着的事，仔细分析一下却存在着某些共性。无论是为小朋友读故事，还是给不了解本公司情况的合作方介绍业务，都需要变换说话策略，让对方能听懂我们在说什么。

你要“会说”，别人才会听

“听懂”，是对沟通的最基本的要求。但是沟通中对方听不懂自己的意思的情况却比比皆是，真实的事例数不胜数。要想让别人听得懂自己的话，就要提高沟通效率，简单地来讲就是得“会说”。具体来说，我们应该从哪几方面入手呢？

1. 把“让人听懂”写进意识

要时刻提醒自己，在与人沟通时——尤其是工作中的沟通，我们的首要目标既不是表现自我也不是宣泄情绪，而是让别人听懂我们的话。在和别人沟通之前，先想一下，这次沟通希望达到什么目标，需要对方给出什么回应。例如，要找人洽谈事情的时候，给对方发一句“现在有时间吗”，希望对方如何回答呢？如果对方正在忙碌，难道要回一句“没时间”吗？我们问对方现在有没有时间，显然首先希望对方有时间，并且能和我们洽谈；如果对方现在没有时间，我们也希望对方告知我们什么时候有空闲可以再次联系。明确了这一点，我们的问题就可以换成：“现在有时间和我谈一下某某事吗？如果正在忙，麻烦告知一下什么时间可以。”

当我们养成说话必须“让人听懂”的意识以后，那些脱口而出的缺乏思考的话就会远离我们的工作了。

2. 进行沟通预演

舞台剧的演员们在正式登场演出之前，会不厌其烦地一次又一次地排练、预演，为的是熟悉整个演出过程，给观众呈现最精彩的表演。我们也可以把这种方法移植到沟通中来。

例如，你需要在公开场合做一场报告，可以事先了解场地情况、人员情况、时间安排等信息，根据收集到的信息，预演一下报告现场的场景。如果场地是一个大的会场，听众近百人，时间持续两个小时，你就能得出一些结论：会场大就要求做报告用的幻灯片每页字数尽可能少、字号尽可能大，方便每一排的观众都能看清楚；人数多则代表着你无法与观众有足够近的距离、足够多的交流，所以和观众的互动要形式简单、可操作性强；时间一长大家的注意力就容易分散，所以你在做报告的过程中需要频繁地总结概括要点，以便于大家能最大限度地跟上讲述的进度，最后还可以准备一些有趣的小段子，活跃气氛，帮大家提神。当你把这些都在脑子中过了一遍以后，就会对现场的大致情况心里有数了，即使有些突发状况需要临场发挥，但是大的方面不会出问题。

3. 不为受众预设身份

俗话说隔行如隔山，没有谁是全知全能的。我们一般对自己所从事的工作了解得很多，但对其他的行业则可能一无所知。因为对自己的工作了解得多，慢慢地我们会感到习以为常，潜意识里觉得我们的听众都知道我们的行业，都懂得我们的工作有什么意义。例如，在电脑工程师看来许多基础指令简直连常识都算不上，但是很多普通人也许用了十年电脑都不知道运行“msconfig”

这条指令可以对电脑系统进行配置；对于从事出版、印刷行业的人来说，“印张”是个和“吃饭”一样整天挂在嘴边的词，但是行业外的人可能压根就没听说过。所以，与人沟通时，千万不要为他人预设身份，更不要因为对方不了解某个领域而大惊小怪。尺有所短，寸有所长，每个人都有不熟悉的知识，别让这种普遍存在的情况成为我们沟通路上的拦路虎。

到目前为止，我们都在讲怎么说，接下来我们要讲讲如何去听。

“会听”也是一种能力

人们常常用“左耳朵进，右耳朵出”形容那些不认真聆听的人，看起来是调侃，却也不乏指责。沟通是一种双向活动，既需要说也需要听，形成信息回路，沟通才会顺畅。相较于“不会听”，“不会说”的弊端更加明显，人们一眼就能看出一个人语言表达能力好不好，却无法一眼就看出别人听没听进、听没听懂自己说的话。但是“不会听”所带来的负面影响一点都不比“不会说”要小，有时甚至更糟糕。例如，人们了解到某个人口才不好、不善于表达自己以后，往往会降低心理预期，即使对方要花费更多的时间来表达自己的观点，大家也能予以理解；但是，面对那些不知道如何聆听的人，人们往往感觉自己没有受到尊重，认为自己说的话对方根本没往心里去，甚至根本没去听，于是对这个人的评价也会降低。如果上级遇到这种不懂得聆听的下属，可能会做出这个人不堪大用的判断。

如果只是无关紧要的应酬性的社交场合，还可以通过点头、简单附和等小动作给出反馈，示意对方自己在认真倾听。但是，如果在更重要的沟通场合，比如工作沟通中，则需要充分调动注意力，努力做到有效倾听（Effective Listening）。

在沟通过程中，获取情感和信息，并综合起来理解其含义的过程称为有效倾听。要实现有效倾听，不仅要用到耳朵，更要用眼、用脑、用心。有效倾听对每个人都意义重大：

第一，有效倾听是获取信息的重要途径；

第二，有效倾听能够掩饰自身的弱点；

第三，有效倾听能够激发对方的谈话欲望；

第四，有效倾听能够发现说服对方的关键信息；

第五，有效倾听能够帮你获得他人的信任。

有效倾听可以看成一个精密的系统，许多细小的干扰都能阻碍它顺畅运行。要实现有效倾听，就要留心除掉这些障碍。这里需要特别提醒一点，我们在前文说过肢体语言也是表达的一种渠道。有时候肢体语言比说出的话更能体现一个人是否在认真倾听，所以，注意不要让你的小动作毁掉沟通。下面罗列的几点是常见的扰乱有效倾听的障碍，你可以逐一检查一下自己是否存在类似的情况：

1. 不够专心

先来看第一点，不够专心。我们常常见到这样一句话：用心沟通。它所说的意思就是沟通的核心——用心，也就是充分调动注意力，尤其是面对更加重要、更加复杂的情况时，更要打起十二分精神，不要因为困难或枯燥产生畏难心理，三心二意。

2. 急于发言

上学的时候，老师常常提醒眼疾手快、爱抢答的同学“先听再说”，这句教导放到成年人的世界里也同样适用。对日语有所了解的人应该知道，日语往往会把表示否定或者肯定的词放在句尾，在一整句话说完之前，听众很可能无法判断对方要表达肯定的意思还是否定的意思，所以无论愿不愿意都要听完别人的话再做回应。中文虽然一般不存在这个问题，但是耐心地倾听别人的话，不急着表达自己的观点，仍是沟通中的一条重要的注意事项。别人在说话的时候，不仅是在表达他的观点，也是在为我们提供梳理思路、组织语言的机会，而且对方的观点也许能被我们利用起来，丰富自己的观点。

3. 反驳不同观点

看到这一条有人可能会感到疑惑：现实中，我并不会赞同所有人的观点，难道不可以反驳我不认同的说法吗？在回答这个问题之前，请先思考下面的问题：你是否喜欢他人否定你的观点？你能否平静地接受他人否定你的观点而心态不受任何影响？恐怕大部分人都不乐意看到别人否定自己的观点，被否定之后也很难像没事人一样淡定。我们在前文讨论过，情绪对沟通起着至关重要的作用，否定、反驳他人的观点无疑会激化沟通的情绪氛围，给沟通工作造成不良影响。所以建议大家尽量不要使用具有明确否定意味的表述评价他人的观点。如果确实不赞成别人的观点，并且为了自己的目标必须反驳这种观点，你可以尝试“花开两朵，各表一枝”的方法。这句话读过古代章回体小说的人大概没少见，意思是对两个事情分别叙述，在这里可以理解为他说他的，你说你的。你不必明着否定对方的话，甚至可以先肯定一下对方的观点有一定的道理，接着着重阐述自己的观点，有针对性地用自己观点的优势对标对方的不足。毕竟我们发言的目的不是证明“他是错的”，而是要让尽可能多的人赞同“你是对的”。

4. 流露厌倦、疲惫的情绪

生活中难免会遇到要沟通我们不感兴趣的事情的时候，不少人会把心不在焉写在脸上。这么做其实并不能让无聊的沟通赶快结束，反而会让说话的人感到不快，影响我们自己的形象。另外，人的精力都是有限的。精力再好的人也有感到疲惫的时候，疲惫状态下和人沟通，不但效率会降低，还可能显得心不在焉，让对方不快。如果能避免在疲惫的时候沟通重要的事情固然好，但是难免有情况不受我们控制的时候。遇到这些情况，我们还是要最大限度地保持耐心，至少在行动举止上不流露厌烦和疲倦的情绪。

5. 做出消极的肢体语言

消极的肢体语言包含很多方面，唉声叹气、东张西望、皱眉、翻白眼、语气尖锐、抖腿等都是会让别人产生消极印象的肢体语言，在和别人沟通的过程中，应该尽力避免。

你可以从以下这些细节上努力，提升自己倾听的技巧：

（1）与沟通对象保持目光接触。如果是多人会议一类的场合，则把目光放在正在发言的人身上。

（2）展现赞同性的点头和得体的面部表情。

（3）不做分心的动作或手势。

（4）适当提问。

（5）能够复述他人发言的大意。

（6）不打断发言者。

（7）避免说起来没完没了。

（8）有意识地转换说话者和听话者的角色。

既会说又会听才能成为沟通高手，我们的绝大部分工作都需要跟人打交道，关注他人、理解他人、影响他人是自我表达、自我实现的必经过程。

◇ 第三节 综合打造沟通能力

通过前两节的讲述，我们已经理解了沟通的重要作用，并掌握了不少通用的沟通技巧。在这一节我们将着重介绍几种适合在职场上使用的沟通方法。这些方法要求系统地调动我们的思维能力、表达能力，你可以在阅读的过程中考察自身情况，查漏补缺，弥补自身短板。

总分总的表达模式

在工作中，需要阐述观点的时候，可以多多使用总分总的表达模式。通过前文对金字塔结构的介绍，我们可以发现，金字塔结构是一种总分的结构，金字塔顶部是主题思想，下面的分支都是其支撑。在沟通的时候，我们可以对这个结构稍作变动，使用总分总结构。

总指的是中心思想，就是要表达的主要观点；分指的是分层叙述；总分总是一种表现总述和分述之间的关系的结构方式。

总分总结构的应用十分普遍，在阅读、写作中很常见。总分总结构往往会开门见山，在一开头就表明论点，然后分若干分论点进行论述，最后进行归纳总结，重申结论或对结论进行延伸、升华。若干分论点是占据最大篇幅的部分，分论点之间符合金字塔结构分组的原则，存在一定的逻辑关系，但不会彼此交叉或包含。

根据分论点之间的关系，总分总结构又可以细分为三类：并列、对比、层进。我们通过一个例子来看一下它们的区别。假如以善良为主题和人进行沟通，并列、对比、层进分别有如下的表现形式：

> 并列：善良有四个方面：善良是××；善良能够××；我们应该善良，是因为××；要做到善良，我们应该××。
>
> 对比：先论述善良的优势，再反论不善良的劣势，先正后反，最后收束，总结观点。
>
> 层进：善良是什么——为什么要善良——要善良应该怎么做——善良对现实有什么意义。

总体来看，层进这种形式比较容易展开，既有内容可写，又会随着层层推进显示出思想深度。

在具体使用总分总结构的时候，可以这样操作：先给出一个精练的开头，可以是后续内容的原因，也可以是它们的总括，总之是一段概括性的话。接下来展开分论点，如果分论点彼此之间不存在明显的前后顺序关系，如一个事件的几个方面、一个人物的不同侧面，就进行并列式的叙述；如果分论点存在顺序关系，如一件事的不同发展阶段、一段时间内发生的情况，就采取连贯式叙述。到了收尾的时候，可以返回去照应开头，也可以对全部内容进行总结。

除了总分总结构，还有总分、分总的结构。相较于分总结构来说，总分总会开门见山交代出观点，使他人能尽快了解自己要表达什么，降低理解的难度。相较于总分结构来说，总分总结构会在结尾做总结，与开头遥相呼应，整体脉络比较清晰，联系比较紧密，他人就算中途漏听了一部分分论点，最后还是能掌握主要观点。

这几种结构各有特点，在进行创作的时候大家可以根据情况自由选用，但是在沟通的时候，总分总的结构更加实用。

TOPS 原则

有人指出良好的沟通需要从第一句话开始建立，原因是切入沟通正题使用的时间越长，双方就越容易被情绪影响，如果是良好的情绪氛围固然很好，如果情绪出现偏差，后续沟通则会困难重重，引回正题也会颇费周折。所以，越快建立良好的沟通渠道、切入正题，沟通失败的风险越小。如果是当面沟通，说话者要注意说话的语气和态度，进行文字信息沟通时，要仔细思考词句。如果是信息接收方，则要注意自己的想法和情绪的变化。除了多多注意细节以外，还可以利用TOPS原则检查自己的言论，帮助自己在沟通中给对方留下好印象。

TOPS原则包括以下四方面：

T：说话要从受众的需求点和关注点出发（target to our audiences），可以概括为有的放矢原则。俗话说磨刀不误砍柴工，多方面思考，想方设法站在对方的角度来考虑问题、阐述问题，才可以实现有效沟通的目的。

O：内容完整、结构清晰（over arching），可以概括为贯穿整体原则。层层推进、娓娓道来、贯穿整体，既是表达逻辑的要求，又是照顾受众心理的方式。

P：言论有力度，能够打动人（powerful），可以概括为掷地有声原则。长篇大论、面面俱到不如一语中的、切中要害。我们要培养自己的分析能力，要对自己将表述的问题进行深入的思考，产生清晰的认识。

S：证据充分，每个观点都有据可循（supportable），可以概括为言之有理原则。表达观点的时候切忌生搬硬套、牵强附会，那会给人留下很不专业、很没有底气的印象。正确的做法是做好充足的准备，为自己的观点准备恰当的支持证据，如果一时想不到合适的支撑论据，宁可少说一点也不要拉来风马牛不相及的事例救场。

GROW 模型

GROW 模型，也可以叫作成长模型，是企业教练格雷汉姆·亚历山大（Graham Alexander）等人在 20 世纪 80 年代开发的一套实用工具。GROW 模型的应用范围十分广泛，能够帮助人们解决生活和工作中的很多问题。GROW 模型的主旨是帮助使用者理清现状，减少不必要的信息干扰，找到最合适的解决方案。这个过程对我们来说就是一个成长（grow）的过程。

G、R、O、W 四个字母分别代表以下含义：

G：goal——目标。goal 的含义是聚焦目标，如果用于解决沟通的问题，就是思考沟通的主题和期望沟通达到的目标。

R：reality——现状。reality 的含义是了解现状，去了解和你的目标有关的各种要素和资源，例如沟通对象的情况、沟通背景等等。

O：options or obstacles——方案或障碍。options or obstacles 的含义是探索行动方案、分析行动障碍，寻找沟通的可行性方案，预先评估沟通中可能出现的障碍，制订相应的计划。

W：will or way forward——意愿或前进方向。will or way forward 的含义是强化意愿、确定前进方向。强化付诸行动的意愿，不要光想不做，向着目标进发。

我们来通过一个简单的例子了解如何使用 GROW 模型。假设你将要进行年度旅行，需要提前制订计划，如何利用 GROW 模型来规划这场旅行呢？首先你要先确定你想去哪里，它就是你的目标（goal）；然后，审视你现在的情况，如你所在的位置、已有的装备，这就是你的现状（reality）；接下来你需要制定路线，一路上都经过哪里、怎么走、会遇到什么，这就是你的方案或将面临的障碍（options or obstacles）；最后，不要让计划停留在空想阶段，强化意愿，去实现它，并为路上可能出现的障碍做好准备，这就是你的意愿或前进方向（will or way forward）。好了，你已经利用 GROW 模型制订出一个完美的旅行计划了。下面我们来看一下，使用 GROW 模型提升沟通能力时每一步都需要做什么。

1. 确立目标

这里所说的目标既可以是针对某个事件的具体目标，也可以是针对某种情况的大的目标。例如，你可以用 GROW 模型为一次面试做准备，也可以利用它改变自己沟通能力差的素养短板。

在设定目标时，可以利用制定目标的黄金准则——SMART 原则来进行自我检查。SMART 原则首次出现在美国的《管理评论》（*Management Review*）杂志上，乔治·多兰（George T. Doran）在 1981 年 11 月号上发表了一篇题为《用 SMART 原则制定管理者的目标》的文章，首次提出 SMART 原则的概念。这篇文章的中心思想是利用 SMART 原则来指导管理者完成制定目标的工作。后来 SMART 原则在使用中有一些改进，并因其广泛的适用性被推广到多个领域，成为制定目标的“黄金准则”。

SMART 原则包括五个方面：具体性（specific）、可衡量性（measurable）、可实现性（attainable）、相关性（relevant）、时限

性（time-bound）。这五条原则，不但能帮我们制定目标，还能为我们提供结构性的指导，帮我们实现目标。

具体性要求我们制定的目标要具体，即使是一个比较大的复杂的目标，也要能够落实到具体的行动上。

可衡量性要求我们制定的目标是可以测量的，有具体的数量或衡量指标。为了判断目标执行的进度，必须有个衡量标准。可衡量性不但可以保证我们按正确的方向前进，还可以激励我们按时完成目标。另外，有了衡量标准，我们就可以确定目标是否已经达到。如果已经达到，我们就可以停下来，把精力投放到其他任务上去。综上所述，在执行目标时，我们应该知道如何监控和评估。

可实现性要求我们制定的目标是能够达到的，过高的、无法实现的目标不能算作目标，应该算作不切实际的空想，根本没有去执行的可行性。这一条原则提醒我们制定目标时要脚踏实地，充分考虑现有资源，明确目标在客观条件下可以完成，必要时还要评估所需的时间和成本。

相关性要求我们制定的目标不是孤立的，应该与其他目标、计划存在关联。任何事件都不是孤立的，我们制定一个目标肯定不是空穴来风，必然是为一个更大的体系服务的。因此，我们制定的目标在符合前几条原则的前提下，还要和其他目标保持相关性、一致性，不能和我们的整体战略背道而驰。这时不妨问问自己：这个目标值得我为它努力吗？执行这个目标的时机恰当吗？这个目标符合我的自身情况和当前社会的趋势吗？

时限性要求我们制定目标时明确何时获得结果，如果不规定完成时间，执行者很可能无限期地拖延下去，制定目标的意义也就不存在了。

在使用 SMART 原则创建目标的时候，要注意保持乐观的心态，这是执行目标的前提。任何目标都不是一蹴而就的，必然需要一个努力的过程，有时候还会比较漫长、比较艰难，提前做好心理建设，保持积极的心态，将为你实现目标持续保驾护航。

2. 检查现状

检查现状是具有现实意义的重要的一步。在头脑中设计计划时，很多人都会想当然地添加许多可行性很低的内容。例如，有人希望提升口才、增强沟通能力，所以着手为自己制订一个提升计划，在设想中他安排自己每天看一场辩论赛、就一个题目展开不短于十五分钟的演讲、和至少一位朋友交流心得体会，而现实中他每天的工作都很繁忙，挤出来的零碎时间大概只够看一场辩论赛的，根本没空确定题目并准备好演讲稿，更不用说和朋友进行深入的交流。这时候不妨从这几个问题来审视现状：目前都在发生哪些情况？它们会导致什么后果，产生什么影响？我在为实现目标采取行动吗？我采取的行动和其他目标有冲突吗？

3. 寻找方案

对现状有足够的认识以后，就可以着手规划方案了。想一下自己都可以做哪些事，会不会遇到障碍，消除障碍以后会发生什么事；有哪些备选项，它们有什么优势和劣势。

4. 建立意愿

到这一步，我们已经有了目标和意愿，也考察过了面对的现状。但是做到这些还不够，我们还需要实现目标的强烈意愿推自己一把。例如，有的人觉得自己不善于和人沟通，每当要开口和人说话的时候就紧张，因此决定多加锻炼，每天都主动和别人聊几句，来克服紧张。但是每次都在脑海里计划得好好的——怎么说开场白、聊什么话题，甚至对话的细节都设计好了——可是到了要开口的时候就退缩了，计划一直无法开展。这就是意愿不够强大，战胜不了逃避心理的表现。这时需要加强自己对目标的渴望，增强意愿。这几个具体的问题可以为我们提供一些帮助：计划从什么时候开始实行？从哪里开始实行？是什么在阻止我前进的脚步？我要做些什么来克服这一点？我要如何保持自己的积极性？我准备在什么时间检查进度，是每天、每周或每个月？

GROW 模型非常适合用来解决个人成长类的问题，帮助使用者提升能力和素养，如果你也有提升沟通能力的诉求，不如试试这个方法。

FABE 法与 SPIN 法

FABE 销售法与 SPIN 销售法是两种销售领域经常使用的方法。我们都知道销售是一种沟通的艺术，优秀的销售人员往往都是沟通大师，销售中使用的方法对沟通也有很大的借鉴意义。

1. FABE 销售法

FABE 销售法是一种十分典型的利益推销法，而且非常具体，有很强的可操作性。如果我们沟通的目的是说服他人采纳我们的方案、购买我们的产品、认可我们的理论，就可以使用 FABE 销售法的思路进行表达。

FABE 代表了这个销售法的四个关键环节。

F 代表特征（features），本意指的是产品的特点、特性之类的基本功能，以及这些功能能够满足客户的哪些需求。例如，如果你要推荐一款酒店管理系统，就需要向客户讲解它有哪些功能，比如客房状态管理、会员管理、客房服务管理等，并说明这些功能可以解决客户的哪些需求。

无论是产品还是观点都具有一定的功能，否则就没有存在的意义。可是，有时候身处一个行业太久，经验增加的同时敏感性反而降低了，并不能充分挖掘出产品或观点的特征。来举一个简单的例子，对印刷纸张有所了解的人应该很清楚，不同类型的纸张具有不同的特性，比如光滑度、蓬松度、吸墨能力、克重等各不相同。业内人士拿到一本印刷品的时候，能很轻易地分辨出使用了哪类纸张、是否合适，比如图册用的纸应该有较好的还原色彩能力，但是非专业人士是看不出来的。因此在向非专业人士推荐印刷品的时候，纸张特色就是一项应该详细介绍而经常被忽略的特点。从不同的角度深入考察产品特性，不但是每个销售人员应该做的功课，也是每个具备职业素养的人应该做的。如果你的工作是向他人推介自己的观点，那么那些观点就是你的“产品”，好好地深入研究它们，你会有所收获的。

A 代表优点（advantages），指的是特征（features）衍生出的优点。我们在上一条说要从尽可能多的角度深入研究产品的特点，就是为了通过特点挖掘优点。你的产品或观点具有的优点，才是说服他人接受的关键。例如我们的产品更有效、更高级、更保险、更优惠……都是优点。可以委婉地表述，也可以开门见山地直接罗列出来。

B 代表利益（benefits），我们的产品或观点有那么多优点，那么它们能给客户带来什么利益呢？利益推销早已成为推销工作的主流理念，一切说辞以顾客的利益为中心，通过不断地强调顾客将要获得的利益，激发顾客的购买欲。我们希望别人采纳自己的观点，也要有这种意识，以对方的需求和利益为中心进行表述，更能打动对方。

E 代表证据（evidence），如果是为了证明一个产品很优秀，可以使用的证据有技术报告、用户来信、媒体报道、当场演示等。当场演示、具有权威性的文件、品牌效应或名人效应等因素，都可以构成促使客户购买的证据。需要注意，那些作为证据的所有材料都应该是真实的，具有客观性、权威性、可靠性、可验证性，否则就是欺诈。向他人推销自己的观点也是同样的道理，我们不能摆出一个空中楼阁，还期待对方会买账。我们必须收集足够多的论据来支撑自己的观点，让自己的每一步论证都是脚踏实地的。

我们来总结一下 FABE 法：找出能够满足对方需求的特征；分析这些特征具有什么优点；指出这些优点能够为对方带来哪些利益；提供充足的证据，佐证上述观点。通过这四步，我们能够回应对方的诉求，解决对方的疑问，推销出自己的产品或观点。

2. SPIN 销售法

SPIN 销售法由美国销售大师尼尔·雷克汉姆（Neil Rackham）创立。雷克汉姆曾为 IBM、柯达、花旗集团等世界知名企业提供咨询服务。雷克汉姆带领研究小组历时十二年研究销售案例，总结出 SPIN 销售法，并花费七年时间测试 SPIN 销售法的使用情况，证实这个方法确实行之有效。据统计，SPIN 销售法已经在约 60% 的世界五百强公司中得到应用。

SPIN 法由四类提问组成，每一类提问都有一定的目的，它们分别是：

（1）关于现状的提问（situation questions）。这类问题旨在了解客户的背景信息，也就是为了实现我们常说的“知己知彼，百战不殆”。在和他人沟通时，如果交流之前没能取得足够的关于对方的信息，可以在开场阶段巧妙地提问，增加了解。

（2）关于问题的提问（problem questions）。这里所说的问题，是指困扰客户的问题，例如公司是否存在组织架构冗杂的情况、是否有效率低下的困扰、员工是否缺乏积极性等。发现客户的问题，理解对方的困难和不满，有利于我们对症下药。

（3）关于影响的提问（implication questions）。如果上个提

问里的问题不解决，将会产生哪些影响、造成什么后果，就是这一问要表达的内容。利用提问让客户自己意识到如果不解决问题将会存在的影响，比直接由他人告知更有说服力。

（4）关于需求与回报的提问（need-payoff questions）。这一问旨在获知客户在问题解决后的看法，例如调动员工积极性将带来什么回报、解决公司组织架构冗杂的问题对节约开支和提升利润有哪些影响。这一阶段是进行承诺和推动行动的阶段，如果对于四类问题客户都给出了积极反馈，这时我们的目的应该要达到了。

总的来看，SPIN 法的四类提问涵盖了情景性（situation）、探究性（problem）、暗示性（implication）、解决性（need-payoff）四部分，为我们从谈话提问技巧与谈话条理性两方面提供了一种全新的理念和方法。

在沟通中，我们最不希望看到的情况莫过于遭到拒绝了。但是，即使我们准备得再充分，也很难完全避免遭到拒绝的情况。有的人在被拒绝之后就乱了阵脚，没法将交流拉回正常的节奏。也有人在遭到拒绝以后脑海被灰心、失望、气愤占据，忘了想一想是因为什么而被拒绝。我们很多人都遭遇过方案被反复驳回、洽谈合作被反复回绝的情况，如果我们能更多地发掘对方的诉求，有针对性地进行改进，应该就能少走不少沟通上的弯路。

第五章

打造完美的工作文章

在步入职场之前，我们已经或多或少地接受过写作训练。我们从小学开始上的作文课就是一种写作训练，但是在学校的时候，我们接受的训练和实际应用是脱节的，在课堂以外，我们很少利用学到的写作知识解决现实问题。而且在学校里，我们接受的教育主要是针对记叙文、议论文、说明文这三大文体的，涉及应用文的部分较少，具体到工作中经常使用的合同、计划、报告、总结、申请书、说明书、证明书等类别，更是鲜有涉及。于是，不少人在工作以后都有一种感觉：自己好像不会写文章了。因此平常能不写就不写，能少写就少写，到了不得不写的时候，就找一篇范文模板照猫画虎，好歹交出一篇东西对付过去，至于写得水平如何，可就顾不上了。也有一部分人，工作内容就是常和各类公文打交道，久而久之，积累了不少经验，写作水平也确实提高了，但是成果往往建立在走了不少弯路的基础上。

工作文章的写作到底有没有路径可寻呢？有的。而且，大家常用的模仿范文就是其中的一种，但是这个“模仿”是要讲技巧的。王国维曾经引用三句词概括人生三境界：

第一境界：昨夜西风凋碧树。独上高楼，望尽天涯路。

第二境界：衣带渐宽终不悔，为伊消得人憔悴。

第三境界：众里寻他千百度。蓦然回首，那人却在，灯火阑珊处。

处于第一境界时，对人生充满迷茫，感到孤独，不知前路何去何从；到了第二境界，已经有了目标，正在追逐目标的道路上，虽然十分辛苦以致形容消瘦，却执着前进，不言放弃；到了第三境界，追逐路上付出的辛苦终于得到回报，不经意间，已经超过目标，回首时望着落到身后的目标心态豁然开朗。

刚刚步入职场，面对棘手的工作文章的我们，就在第一境界，无从下手，十分迷茫，这时候写出的东西往往缺乏逻辑，条理不清楚，思想不成熟；到了模仿范文写作的阶段，我们已经知道需要一篇什么样的成品了，能够通过模仿得出心得。但视线从“跟着别人写”到“自己独立写”的人只占少数，很多人就止步于第一境界和第二境界中，习惯性地为写文章头疼，习惯性地交出照猫画虎的成品。最后一层境界，是让工作文章回归本源，工作文章作为应用文，本质是为我们工作服务的一种工具。到了最后一层境界，我们就是在为了解决工作上的问题而写文章，再也不是为了折腾出几百字、几千字而写了。

需要指出的是，有一部分本来文笔不错的人，可能并不会意识到自己处于第一境界。对于他们来说写作并不是难事，相反，他们看到要动笔杆子的工作还可能有点儿跃跃欲试。但是他们写出来的工作文章往往更近似文学作品，谋篇布局、遣词造句、破题立论，都按照写文学作品的路子来。这样写出来的文章常常有很明显的写作文的痕迹，虽然旁征博引、谈古论今显得很有文采，观点也有深度，但就是经不起实践的检验，缺乏针对性、指导性，不具备可操作性。这种文章单纯看看还可以，解决问题就用不上了。之所以会这样，是因为写作者缺少对工作文章的深刻理解，对实际工作还没有足够的认识。文学作品要预留空间，供人想象和联想，往往显得务虚。工作文章却要解决实际的问题，有着严格的形式要求，有内容限制，阅读对象也是特定的一部分人，所以一定要指向明确，要务实。

处于第二境界——模仿写作的人，也有容易走入的误区。有些人模仿出了习惯，就像习惯了辅助轮不敢独自骑车的人一样，一碰到要写文章的情况就先找范文，离了范文就不知道怎么下笔。虽然在模仿初期有一定的进步，但是时间久了，不但文笔僵化，思维也会跟着变得僵化、程式化。止步于模仿虽然不至于出错，但也不会有任何创新。

理想的文章，在语言上应该具有文采，具有鲜明的风格，让人读着舒服；在内容上应该主题明确、思路缜密、言之有物；集合起来看，就是应该形神兼备。要有形，就要雕琢文字功底，达到娴熟地驾驭文字的境界；要有神，就要熟悉自己的工作，见微知著，深入思考，最后再加上多多练习。

有人曾经把判断文章优劣的标准总结为五个字：形、事、情、理、典，每个字对应一条要求。一篇文章的构成离不开这五个方面，它们变化组合形成了各具特色的文章。“形”说的是具有具体的形象、注重文字的表现形式，“事”指摆事实、讲故事，“情”

的意思是文章能抓住读者的情绪，感染读者，“理”指文章要言之有理，“典”表面意思是引经据典，延伸开可以泛指旁征博引，论据充足。

读者阅读文章的过程，实际上就是合作者进行沟通的过程，而读者阅读的动机一般可以分为六种：消遣、刺激、信息、知识、美感、思想。前面三种属于较低的层次，比较容易实现。一篇好的文章至少要从第三个层次开始，因此它的内容要具备信息、知识、美感、思想四个方面。一般情况下，如果文章的内容正是读者急需的，只要满足上述一方面就能够吸引读者的关注。满足的方面越多，读者的阅读体验越好，文章也就越出色。描写但不单调，说明但不呆板，叙事但不拖沓，抒情但不矫情，说理但不枯燥，就是一篇难得的好文章。

具体到工作文章的领域，能够传达信息、知识，同时具备思想，就可以称为一篇合格的文章。这三个方面都要求我们在写工作文章时注重理清思路、组织思想。结合前文对金字塔原理的介绍，大家应该很容易想到，金字塔结构正是非常适合工作文章的一种结构。我们在前面的内容中已经对金字塔原理在写文章时的应用略有涉及，在本章的第一节，我们将详细地展开论述如何为文章建立金字塔结构。

◇ 第一节 为文章建立金字塔结构

到目前为止，我们对金字塔原理的了解已经不少了。假如现在你需要写一篇文章，你知道你要在金字塔的顶上放置体现中心思想的句子。你知道，这个句子会回答读者的某个疑问，这个疑问表示在读者已知的“背景”中产生了“冲突”，读者需要一个解决方案，这就是你写这篇文章的初衷。更进一步来说，你可能已经知道一些需要表达的观点。你所掌握的这些资源足够你搭建一座金字塔，你可以开始动手了。

实际操作的时候你既可以自上而下地建造金字塔结构，也可以自下而上。相比较来说，自上而下法更简单一些，比较适合初学者。第一次利用金字塔结构写文章，可以优先用自上而下法。

自上而下法

使用自上而下法构造金字塔，要求你首先有确切的主题。要做到这一点并不难，你写作的动机就来自主题。此外你还要了解读者对这个主题的熟悉程度，这有助于你完成序言。

不必急着动笔，你可以利用构思序言的时间把思维梳理一下，画一个简单的思维导图或步骤图帮自己直观地查看流程。你可以按照如下的顺序来建造金字塔结构。

1. 列出主题

这个主题是文章的核心，你接下来的所有工作都将围绕它展开，把它放到你的金字塔的顶端。

2. 设置引导性疑问

先问自己几个问题：你的文章要给哪些读者看？你的文章需要回答读者的什么疑问？这个疑问如何与主题关联？如果你已经想到了合适的疑问，把它写下来，如果暂时无法确定，也可以先进行其他步骤。

3. 回答你上一步提出的疑问

写下你的答案，如果没有确切的答案，或者在上一步还没确定自己要写什么疑问，可以暂时搁下，继续后边的步骤。

4. 描述背景

如果第二步和第三步你都没有确切的答案，请进行这一步，来证明自己有能力提出疑问和给出回答。用一些话描述文章主题的背景（可以是讲故事式的描述，也可以是其他形式，但是写到文章里时最好整理成讲故事的形式），需要注意的是，你做出的描述必须是不会引起任何争议的。想一下哪些描述不会引起争议，即读者已经知道你所描述的信息。

5. 引出冲突

有了第三步做铺垫，你可以和读者进行“疑问——回答”式的交流了。为什么这么说？设想一下这种情景：你告诉一个人地球是圆的，他会有什么反应？十有八九他会说：“我知道地球是圆的，这有什么问题吗？”

同理，看到你在第四步描述的内容后，你的读者也会问：“我知道你说的这个情况，有什么问题吗？”（因为你描述的是读者已知的、不会引起争议的信息）这时你就可以进一步指出在这个背景下发生了什么冲突，而这个冲突会引起读者的疑问。例如，你可以写一下团队出现了某个问题，或者外界环境发生了变化，总之，它们会导致一些大家不想看到的结果，需要人们做些什么来阻止这种情况的发生。

6. 核验疑问和回答

背景里发生的冲突应该能够使读者提出你要在文章里表达的主要问题，这样你的文章才能按照金字塔架构继续建造下去。如果背景、冲突和你的问题没有足够的关联性，你就需要重新思考，从其他角度提出疑问。

经过这六个步骤，你能够确定文章需要回答哪些问题。疑问确定之后，其他内容就能很容易地填进金字塔结构中。

自下而上法

有时候，下笔之前你并不清楚自己要回答什么问题。你可能一时想不到要写的主题，也可能找不到读者存在的疑问，又或许不了解读者知道哪些情况、不知道哪些情况。所有的这些困扰都导致你无法确定金字塔结构顶部的主题。但是你不可能搁笔不写，怎么办？你可以转换一下思路，放弃自上而下的建造方法，尝试自下而上去反推。

如果你的头脑中已经有一个清晰的次级主题，很好，你可以直接利用它展开行动。但是，在面临上述困难的大背景下，很多时候你可能连确定的次级主题都没有。不过不必气馁，还有补救的措施，你可以跟着下列步骤来做。

1. 写出你希望表达的全部观点

在这个阶段，你不需要考虑哪些观点可能派不上用场，哪些观点可能是错误的，只要是你头脑中想到的相关观点，全部罗列出来。这就像淘金者淘金一样，先挖起一盆沙土，虽然杂质颇多，但是经过淘洗以后黄金一定会现出真容。

2. 寻找这些观点之间的逻辑联系

通过确定零散的观点的逻辑关系，将杂乱的信息归类、整合、筛选。耐心进行这个步骤，你会逐渐找到自己需要的观点。

3. 找到结论

经过上一步以后，你应该已经淘到了自己的黄金——所需的思想，把它记下来，然后你就可以按照前文讨论过的步骤构建你的金字塔结构了。

初学者注意事项

上文已经介绍了构建金字塔结构的方法，但是在实际运用时，经常有人会遇到这样或那样的问题。还有人问，到底有没有什么一劳永逸的诀窍，可以保证次次都顺利写出文章？在回答这个问题之前，我们先来看一则小故事。

> 陈康肃公尧咨善射，当世无双，公亦以此自矜。尝射于家圃，有卖油翁释担而立，睨之，久而不去。见其发矢十中八九，但微颔之。康肃问曰："汝亦知射乎？吾射不亦精乎？"翁曰："无他，但手熟尔。"康肃忿然曰："尔安敢轻吾射！"翁曰："以我酌油知之。"乃取一葫芦置于地，以钱覆其口，徐以杓酌油沥之，自钱孔入，而钱不湿。因曰："我亦无他，惟手熟尔。"康肃笑而遣之。

这段话节选自北宋文学家欧阳修的《卖油翁》，彼时的大官陈尧咨擅长射箭，并向观看他射箭的卖油翁自夸，卖油翁却微微一笑点出关键——"无他，但手熟尔"，用我们常说的话来概括，就是熟能生巧。射箭如此，卖油翁打油如此，我们写文章也是如此，没有诀窍，没有捷径，唯有多加练习，直到“手熟”。

虽然没有诀窍，但是初学者依然可以从他人的积累中吸取经验，下面将列举一些值得初学者注意的事项，它们可以帮助你解开刚使用金字塔原理时的常见疑惑。

1. 先尝试搭建结构，优先使用自上而下法

先搭建结构而不是先下笔写作，就像先建房子后装修一样，这样可以有效地避免成文后发现谋篇布局不合理，需要修改的问题。

2. 序言写作的常见问题

（1）先写序言的背景。无论你擅长哪种行文风格，写序言的时候务必先从背景开始，这样的写作顺序能帮你更快地找出冲突和疑问，从而完成序言的四个要素：背景、冲突、疑问、回答。

（2）序言不是走过场，需要花时间好好构思。千万不要小看序言的作用，把它当成可有可无的过渡句或开场白。在金字塔结构里，序言具有举足轻重的地位。很多人准备写作时脑海里已经有清晰的主题思想和疑问了，很想一动笔就开始主体论述。但是请慎用这种方法，因为你很有可能一边论述主题一边还要考虑怎样安排背景和冲突，一旦最终确定的方案和你正在写的有出入，就需要大量返工。先花时间构思好序言，按部就班地逐层梳理思想，才是初学者明智的做法。

（3）背景要在序言阶段交代，不要带到正文。正文是主要思想的载体，交代背景的事应该在序言阶段就完成，千万不要切入

正题了再荡开一笔去补充介绍背景，那会让整个文章显得层次混乱，也容易让已经被引入作者思路的读者“出戏”。

（4）序言里不要出现会引起读者质疑的观点。有人也许会说：“我不知道哪些信息是读者已知的，哪些是未知的，如何判断哪些信息能出现在序言里，哪些不能？”有一个简单的判断标准，那些能够客观验证的信息都可以算作读者已知的信息，例如“地球是圆的”，读者可以从客观资料里查证这一信息，不会产生质疑。

（5）不要在序言里表达读者未知的信息。序言的作用是引导读者提出你设想好的疑问，顺着你的思路去阅读文章的内容，如果序言阶段出现了读者不知道的信息，他们可能就这些信息产生其他疑问，就不会跟着你的思路走了。

3. 论证观点的时候，归纳推理优于演绎推理

在论证金字塔结构某一层的观点时，最好使用归纳推理，因为人们往往更容易理解归纳推理。我们来看一个日常生活中的例子。

你的朋友就应该买哪条裙子来咨询你的意见，你会怎么回复她？如果使用演绎推理的方式，你的回答应该是这样的：“一条好的裙子应该有以下几个特点：剪裁良好，能衬托你的身材；质地好，穿着舒适；价格适中，在合理消费区间。因为A裙子满足这些条件，所以应该买A。”如果用归纳推理呢，你只需要这么回答：“A裙子很衬你的身材，材质又好，价格也合理，就买这条吧。”

很明显，归纳推理不需要像演绎推理那样在中间再强调一次论据，对读者来说更加简洁、直观。

◇ 第二节 工作文体的“套路”

如今提起“套路”这个词，大家最先想到的恐怕是它在网络流行语里的意思，于是自觉或不自觉地感到它带着贬义色彩。其实套路本身是无所谓褒义或贬义的，它原本指的是应对某种情况或解决某种问题的方法，之所以叫套路，是因为使用者已经非常熟练，几乎能够对特定情况条件反射般地做出应对，就好像掌握了一套“路数”。其实武术中也有“套路”一说，意思是一套形成定式的演法。从社会学的角度看，套路是在沿袭传统的过程中产生的思维方式、手段、技巧以及表现形式。它是基于经验的、低风险的实用主义方法。

我们以前学习写议论文的时候，老师说的三段论式的写法就是一种套路。相较于其他种类的文体，工作文章其实是一种很适合使用套路的类型。工作文章经常用到的文体基本就那几种，开篇、中段、结尾分别交代什么问题是有规律可循的。所以，提升工作文章写作的能力，不妨从“套路”开始。

接下来，我们来看一下常见的工作文体有哪些，分别该怎么写。

常见文体

在我国，各级机关和各类组织在工作中需要使用公务文书，规定的通用公文有以下十五种：命令（令）、决定、公告、通告、通知、通报、议案、报告、请示、批复、意见、函、纪要、决议、公报。但是在日常工作中，尤其在企业单位中，还要经常用到其他几类工作文章，如计划、总结、述职报告、简报、工作日报、会议纪要、规章制度等。后几种在很多人的工作中使用得更频繁，因此本节内容将主要围绕它们展开。

1. 计划

计划是我们经常用到的一种工作文体，也是与我们的生活联系非常紧密的一种文体。在工作中，例如员工个人安排一周的工作、公司安排全年的任务，都需要制订计划。其实，日常生活中我们也在经常使用计划，比如给自己定个攒钱的计划、健身的计划等。只不过生活中的计划更加灵活、简洁，不必遵照严格的形式。

到底什么是计划呢？单从这两个字来看，“计”是计算，“划”是划分，计划就是计算要做什么，并划分出行动的步骤。计划是我们达到目标的工具。在管理学范畴中，计划包含两层含义，一层是工作计划，指的是根据对主体内外部条件和环境的分析，提出在将来一个时期内要达到的目标以及实现目标的途径；一层指计划这种载体，也就是我们经常要写的，通过文字和图表的形式安排人员、行动方向的管理文件。

计划的种类多种多样，划分的标准也不一而足。按照计划的性质划分，有综合性计划、专题性计划；按照范围大小划分，有国家计划、地区计划、单位计划、部门计划、小组计划、个人计划等；按照时间长短划分，有长期计划、年度计划、季度计划、月度计划、周计划等；按照计划的内容划分，有科研计划、生产计划、工作计划、学习计划等；按照计划呈现的形式划分，有文字计划、表格计划、文字兼表格计划等。

无论对单位还是对个人来说，计划都起着重要的作用。列宁曾经说过："任何计划都是尺度、准则、灯塔、路标。"在管理实践中，计划是管理程序的中心环节，在管理活动中有着独特而重要的地位和作用。对企业来说，计划是其他一切管理职能的前提和基础、是企业生存与发展的指导、是人事协调的前提、是指挥行动的准则。对于个人来说，计划可以让我们做到心中有数，提高工作效率，避免盲目，也是我们进行检查和总结的重要依据。

计划不是随意制订的，而是需要遵循一定的要求。首先要科学合理：制订计划要有清晰的指导思想和客观依据；制订计划要有全局观念，恰当地处理整体与部分的关系，实现统筹兼顾、安排合理；制订计划之前要做好调查研究，从实际出发，留出一定的余地，保证计划切实可行。制订好的计划，每项内容应该明确、具体、完善，语言简明扼要，能把做什么、如何做、做到什么程度、什么时候做好写明白，以便遵照执行和检查。

计划一般由标题、正文、结尾三部分组成，形式比较灵活，没有硬性规定，常见的样式是文字计划、表格计划、文字兼表格计划。

先来看一下怎样写文字计划。

首先确定标题，计划的标题中应该包含四个要素：单位名称、使用时限、计划主题、文件性质。如果是尚未正式通过、需要进一步讨论才能批准的计划，则应加注“讨论稿”“草案”等字样。

标题以下就是计划的正文，用来呈现计划的具体内容。正文一般包括这几部分：基本情况、目标或任务、措施或步骤。基本情况用来说明制订计划的原因、依据或指导思想，告诉人们为什么做这个计划。基本情况事实就是我们在上文介绍的金字塔结构中的序言部分。这一段字数不必太多，可以简明扼要、高度概括，表达清楚观点即可。目标或任务要体现计划预计达到什么目标、完成哪些工作任务。这一部分要写清楚“做什么”的问题，是整个计划的核心部分。一般要一条一条地把项目写清楚，分清主次，突出重点，既具体又明确。措施或步骤的部分要解决“怎么做”的问题，措施是实现目标所使用的具体方法，步骤是对工作做出的流程或时间上的安排。措施和步骤都需要具有可行性，这样才能保证按计划完成目标。

最后是结尾部分，简要总结整体计划，并标明制订计划的主体和日期。

以上几段介绍的是文字计划的写法，表格计划相较于文字计划更加简洁，标题和结尾与文字计划大同小异，区别在于正文部分。表格计划不再分段论述，而是将整个计划用表格列出来，做什么、怎么做，一目了然，非常简便。表格计划比较适合范围小、时间短的计划，例如工作安排。

文字兼表格计划是将文字计划和表格计划结合起来的形式，文字部分用来表述制订计划的依据、现状等内容，表格对文字进行具体的补充。文字和表格的比例及顺序可以依据写作需要灵活安排。

2. 总结

工作以后，大家少不了和总结打交道，周总结、月总结、半年总结、年终总结，这几种总结一段时间工作情况的文章是我们接触最多的。此外，完成一个项目以后往往也需要做总结。在某一个阶段过去后或某项工作完成后，回顾和分析期间取得了什么成绩、存在哪些问题、得到了哪些经验和教训，并将它们整理成书面材料，以为今后的工作提供借鉴，就是总结。

总结可以帮助我们检查上一阶段工作的完成情况，通过分析事实资料，得出经验教训，从而更好地进行下一阶段的工作。养成进行总结的习惯，有助于我们形成理论联系实际的思维，培养我们观察事物、分析问题的能力，提升对工作的认识和业务能力。

一般来说，总结具有以下几个特征：自身性，总结往往是以第一人称写的，是某个团体或某个个人进行实践活动的概括；指导性，在总结中回顾自身的行动，思考得失，是为了找出规律性的收获，为未来的行动提供指导；理论性，总结是由实践上升到理论的过程，通过经验提高认识，抓住本质，形成理论；客观性，总结是一个再认识的过程，回顾的过程中通常能够发现实际操作时忽略或处理不当的问题，并且脱离当时的环境以后，能够更客观地看待整个事件。因此总结也要保证真实、客观地反映事实。

按照形式，总结可以分为两大类：综合性总结、专题性总结。综合性总结是对某个单位、某个部门进行全面的总结，包括整体工作情况、取得的成绩、存在的问题，以及得到的经验教训、未来的改进方向。综合性总结要求写得全面，但并不是写成流水账，面面俱到，而是要突出重点，着重写主要工作和重要经验，例如工作中成绩最突出、经验最重要的部分，或者对整体工作影响最大的部分。相较于综合性总结，专题性总结更有针对性，往往是针对工作中的某个问题或某个方面而做的总结。专题性总结一般只针对一个主题，不怎么涉及其他方面，即使提到也是一笔带过，重点都落在提出问题、剖析问题、解决问题上。

在上述两大类之下，按照总结的具体内容可以分为以下几类：工作汇报类总结、介绍经验类总结、技术类总结、个人小结。

工作汇报类总结一般是综合性总结，要对一段时间内的工作情况进行全面梳理，所用到的材料一般是工作任务执行情况、获得的数据、操作方法等，一般不会具体展开，大多是概括性叙述。

介绍经验类总结属于专题性总结，也可以称为单项总结，通常在需要宣传先进经验时使用，介绍的内容具有典型性和指导性。

技术类总结通常由科研单位和生产部门撰写，旨在对完成的科学实验或生产项目进行总结，梳理得到的数据、结果，通过整理、归纳、分析，发现问题、找出规律，并形成结论。

个人小结使用非常普遍，主要记录个人在学习或工作中获得了什么认识，有什么心得体会。

无论是个人总结还是单位或部门的总结，写作时都应该遵循以下几条原则。首先要实事求是，写总结时，切忌为了追求成绩好看而夸张地讲述事实，反映真实的情况即可。其次，观点和素材要统一，素材应该能够反映观点的理论水平，二者不能脱节。第三点是力求简练准确，这一条也是工作文章写作中的通用要求。工作文章是应用文，不必过分追求文学创作的观赏性，而应把准确放在首位。

总结的构成与计划类似，也包括标题、正文、结尾三部分。

总结的标题有三种常见的格式。一是公文式标题，主体、时间、事件、文体都在标题中体现，例如《××公司 2020 年工作总结》。第二种是文章式标题，一般看起来就像一条新闻报道的标题，只体现总结的主要内容或主题思想，不体现文体。这类标题一般用于专题类总结或个人小结。第三种是结合式标题，前半部分是文章式的题目，提示主要内容，后半部分用副标题体现主体、时间、事件、文体，例如《从亏损到盈利之路——××公司 2020 年工作总结》。

总结的正文部分，首先是一段前言，要概括性地交代整体情况，说明主题、背景、时间等信息。接下来的主体部分要重点分析情况，为主题提供支撑。接下来的结尾部分写出结论，也可提出意见。

3. 述职报告

述职报告是各单位、各部门员工向主管部门汇报工作、接受监督的文件。一般情况下，主要是业务部门汇报业绩、业务的方式，有时候职能部门和管理部门也会用到。述职报告要写明履行岗位职责的情况，交代完成工作任务的结果，说明存在的问题，以及有什么设想，具有自我回顾、自我评估、自我鉴定的性质。

述职报告有几个区别于其他工作文体的特点。一是自述性，由于述职报告是报告人总结、汇报自己在一定时期内履行岗位职责的情况的文件，所以具有自述性。二是汇报性，报告人要通过述职报告向上级部门汇报个人情况，因此具有汇报性。三是口语性，述职报告虽然以文本的形式呈现，但是需要报告人以口述的形式进行汇报，所以就要在书面语言的基础上适时地做一些口语化的变动，避免述职做得像照本宣科。

述职报告可以依据时间、内容、范围、表述形式的不同来分类。依据时间可以分为临时述职报告、年度述职报告、任期述职报告。按内容可以分为单项工作述职报告、专题述职报告、综合性述职报告。按照范围可以分为个人述职报告、集体述职报告。按表述形式可以分为口头述职报告、书面述职报告。

述职报告的写作模式比较灵活，报告人可以根据自身情况安排结构。但是至少要有标题、称呼和正文三部分。述职报告标题的格式和总结相似，也有公文式、文章式、结合式三种。

需要特别一提的是称呼部分，述职报告要有述职对象，所以在正文开始之前，要特别点出向谁述职，如果听众较多，一一罗列显得冗长，可以用“尊敬的公司领导、各位同事”一类的概括性称呼代替。

述职报告的正文分为开篇、主题、结尾三部分。开篇也可以叫引语，起序言的作用。在这一部分，报告人需要简单地汇报任职情况，如任职岗位、具体职责、考核目标以及自己对岗位的认识、理解，还要说明岗位的任职要求和工作目标，并说明自己取得了什么成绩。

主体部分是述职报告的核心，要清晰地写出自己做了什么、成绩如何、取得了哪些经验、有什么教训和体会、有哪些问题。主体部分要围绕主要工作展开，说明对于上级布置的工作的执行情况，对于自己分管的工作的完成情况。不但要将所做的工作具体、翔实、思路清晰、有理有据地汇报清楚，还要将处理问题的思路、重大项目的决策过程交代清楚。如果要通过述职报告竞争新的职位，还要注意围绕新职位的任职标准展开表述，说明自己具备担任新职务的能力。

结尾部分，可以向一些人员表达自己的谢意，请听众就报告做出批评指正。

4. 简报

简报是一种使用频率非常高的文体，一般是单位内部编写的，反映情况、交流经验或者汇报工作的简要的书面文件。通常简报的篇幅都不会太长，具有简短、灵活、快捷的特点。上级单位或部门可以通过简报向下属发布、传达工作指导，供下属了解情况、进行参考。下级单位和部门也可以通过简报向上级汇报工作动态、经验、成绩，供上级制定决策、指导工作、推广经验使用。除了有纵向隶属关系的单位和部门，横向无隶属关系的单位和部门也可以使用简报进行交流，互通情况，沟通工作。

简报存在多种类型，划分标准各不相同，例如根据内容可分为会议简报、工作简报、动态简报；根据涵盖范围可分为综合简报、专题简报；根据发布的时间可以分为定期简报和不定期简报。

工作中经常使用的简报通常是根据内容划分的。例如会议简报是主持会议的人用来组织会议、引导活动以及汇报会议情况所用的。一般在规模较大或会期较长的会议中使用。工作简报主要用来反映部门内的日常工作以及阶段性进展。动态简报具有很强的时效性，需要快速、及时地反应最新的问题和情况。

一份合格的简报需要满足真实、及时、新颖、简单的要求。简报需要如实反映情况，所以内容务必真实可靠。简报具有时效性，所以要及时编写。新颖是就简报内容而言的，简报应该体现新鲜的信息，这是它存在的价值。简单是简报的突出特点，简单才能保证及时。

一份简报一般分为标题和正文两部分。简报的标题要简单、醒目、贴切、生动，要能够体现简报的中心思想或主要内容。

简报的正文分为开头、主题、结尾三部分。简报的开头是一段导语，可以使用撰写序言的方法来写，开门见山地指出简报的基本思想和主要内容，让读者读完开头就知道全篇的主题。主体部分是对开头的展开，要写得详细、全面。结尾可以对主要内容做一下阐释，指出其意义。

5. 工作日志

工作日志是记录和总结每天工作情况的文本。工作日志的内容可以是每天的工作内容、工作花费的时间、工作中出现的问题、解决问题的思路、解决结果。理想的工作日志应该如实记录工作中的观点、决定、方法、结果，在此基础上，经过长期积累，工作技能必定能够得到提升。

对于生活在现代社会里的人们来说，工作日志格外具有现实意义。如今我们工作中涉及的各类软件、应用难以计数，我们的时间不断遭到瓜分，呈现明显的碎片化趋势。有时候，结束了一天的工作，于疲惫中回忆忙碌的一天，却发觉似乎没有完成什么像样的工作。工作日志可以在一定程度上帮助我们解决这类问题。

工作日志能够起到以下几种作用：提醒作用、梳理作用、跟踪作用、证明作用。

首先来看提醒作用，在日常工作中，员工往往需要同时开展多项进度不同的工作，有时可能因为疏忽而没能及时跟进进度。而工作日志会记录任务布置情况和完成情况，显示进展的节点，每日更新和查看日志，可以提醒自己及时关注需要跟进的任务。

再来看梳理作用，利用工作日志记录工作情况，就像将散乱的丝线归拢起来一样，有利于我们梳理工作情况，及时发现问题，修正思路。

跟踪作用主要是对于管理者而言的。在人员众多的单位内，要跟踪每位员工的工作进度、衡量工作效率实在不是一件容易的事。工作日志为跟踪工作提供了依据，可以节省管理者大量时间。

在工作上我们有时也会遇到证明“我是我”的情况，例如有些人某天上班忘记打卡签到，导致统计考核时出现空缺，如果坚持每天更新工作日志，就可以为自己提供证明。

工作日志按照使用对象、工作流程、行政门类、日志属性等标准可以划分为不同的类型。如按照使用对象可以分为销售工作日志、客服工作日志、班主任工作日志、研发工作日志等；按照工作流程可以分为生产工作日志、管理工作日志等；按照行政门类可以分为行政工作日志、企业工作日志等；按照日志属性可以分为结构化工作日志、非结构化工作日志。具有通用模板的日志称为结构化工作日志，例如酒店前台的工作日志，有着每日入住率、入店情况、离店情况等固定的格式。非结构化工作日志比较灵活，没有固定的格式，例如新员工每日汇报情况的日志，可以涉及培训进度、心理感受等方面。

工作日志的格式没有统一标准，单位和个人可以根据自身情况合理制定。但是无论使用什么格式，都必须包含工作日志必备的几个要点：工作事项、时间、完成度、总结。

评价一篇工作日志的优劣，可以从三个方面入手。

首先是时间方面，合格的工作日志要真实地记录时间使用情况，把在不同工作上花费的时间统计出来，从而为判断工作效率提供依据。

其次是内容方面，每天的工作并不会永远按照我们事先的规划展开，临时性工作时不时就要插队，这一点大家应该深有体会。工作日志需要忠实地记录所有的工作内容，无论是计划内的还是突发的，无论是短期孤立的工作内容还是长期有关联性的工作内容。

最后是思想情感方面，员工并不是工作机器，在处理工作事务时必定会产生很多想法和情绪，适当地在工作日志中记录自己的思想情况和情绪状态，有助于我们及时做出调整，最大限度地以积极的状态面对工作。

6. 纪要

纪要，顾名思义，指的是记录要点的文本，在工作文章的写作中通常指会议纪要。会议纪要需要记录会议概况，体现会议主旨和商定的事项。多人会议的会议纪要需要准确记录商谈的内容，并需要与会者签字确认。

会议纪要的写作需要注意几点，首先，会议纪要的内容是纪实的，必须如实地反映会议的真实情况，不能有脱离现实的自由发挥，否则就失去了客观真实的性质，也失去了写作的意义。其次，会议纪要不能写成流水账。会议纪要是在完整会议的基础上综合而成的，内容应该围绕会议的主题撰写，体现会议的主要成果，突出重点、要点，而非记叙整个会议过程。最后要注意写作的视角，会议纪要体现的是与会者集体的观点和思想，需要使用第三人称来写，一般使用“会议”做主语，行文时常用会议认为、会议决定、会议号召等表述。

会议纪要的结构和之前介绍的大部分工作文件类似，包括标题、正文、结尾三部分。标题的形式通常是《××会议纪要》。

会议纪要的正文可以分为两部分，首先是介绍会议的概况，包括会议名称、召开的时间与地点、与会人员、主持会议的人员、会议的基本议程等。说明概况之后就是会议纪要的主体内容，即会议的主旨和商讨的事项。结尾部分可以点出会议成果和对会议的评价。

由于会议的性质、规模、议题不同，写法也有变化，常用的有以下三种。

集中概述法。这种写法会用概括的叙述对会议的整体情况进行阐述和说明，简明扼要地记录会议的基础情况、讨论的主要问题、与会者的观点、商定的主要事项、解决问题的方法和措施。这种写法适合规模比较小的会议，尤其是讨论的内容比较单一、意见比较统一、措施容易执行的会议。这类会议的会议纪要通常篇幅不大，偶尔遇到议题较多的情况，分条陈述即可。

分项叙述法。这种方法适合大中型会议、议题比较多的会议。写作的时候把会议的主要内容划分为几个大的板块，逐个来写。分项叙述法侧重对会议进行横向的分析，记录的内容比较全面，通常涵盖现状、目的、意义以及任务、措施等方面。

发言提要法。这种方法可以全面反映不同的与会者的个人意见。在写作的时候，需要对会议中具有代表性的典型的发言进行整理，总结出要点，按照发言的顺序或类别，分别进行阐述，从而达到如实反映与会者观点的目的。

除了会议纪要，还有一种文体也具有记录会议情况的功能，它就是会议记录。二者虽然存在不少关联，但是也存在明显的区别。首先，它们的性质不同，会议记录是一种事务文书，忠实地记录会议整个过程；会议纪要则是行政公文，只记录会议的要点和精神。其次，它们的功能不同，会议记录基本不对外公开，只是作为存档资料；会议纪要通常需要在特定的范围内传播，传递会议主旨。

常见结构

熟悉了常见的几种工作文体，我们再来看一下工作文体常用的结构。其实仔细阅读“常见文体”的内容以后，有些读者可能已经发现了，虽然不同的问题对格式的要求略有差别，但是工作文章的主要内容通常由三部分组成：前言或开场白、主体、结束语。

前言或开场白，也可以叫作引言、导语或序言，在第二章第三节讲述金字塔结构的细分时，我们曾经介绍过序言在金字塔结构中的作用——提出总括全文的主要问题，吸引读者以“疑问——回答”的方式阅读文章。在本章的一开始，我们在“初学者注意事项”里总结了写序言需要注意的几个点。序言位于文章的开头，有着举足轻重的地位，在用金字塔结构撰写文章的时候，写好序言相当于文章成功了一半，在稍后的内容中我们会进一步介绍序言常用的几种模式，也就是序言的“套路”。

主体是一篇文章中的核心部分，占据最大的篇幅，负责解答读者的疑问、传递作者的观点。如果把序言看作房顶，主体就是房顶之下的房间，是作者和读者交流的主要空间。

结束语就是文章的结尾，一般根据文章的性质会有所差别，通常是对上文的总结、对开篇的呼应以及一些对未来的展望。好的结束语应该能够提升文章的水平，使文章得到升华。

◇ 第三节 为文章加分的技巧

了解了写工作文章的“套路”，只是迈出了写好工作文章的第一步。写作套路能解决不知怎么写的问题，要想写得好，还要借助一些技巧。本节将讲述提升工作文章写作水平的多种技巧，为大家的文章锦上添花。

SCQA 模型

SCQA 模型是表达中会用到的一种结构，是优化表达的便利工具。在介绍如何为文章建立金字塔结构时，我们就涉及了 SCQA 模型。

其中，S 指情景（situation），用于介绍背景，通过大家都熟悉的情境引入话题。C 指冲突（complication），实际情况和我们的期望不一致，代表着存在冲突，怎么办呢？看下一步。Q 指疑问（question），由于存在冲突，就要提出疑问——我们该怎么办？A 指答案（answer），就关于冲突的疑问做出回答，提供解决方案。

使用 SCQA 模型是为了建立起良好的沟通氛围，在对方的要求下，自然地抛出自己的观点和方案。经常有商家会使用 SCQA 模型创作广告语。例如，防晒产品的广告常常先花几秒介绍背景信息，诸如夏季紫外线强烈、现代环境污染物多；接着出现冲突：紫外线伤害皮肤，导致晒黑、晒伤、加速老化，污染物不利于皮肤健康；于是问题出现了，怎么办呢，解决方案就是商家的防晒产品。回想一下，是不是很多广告都使用了 SCQA 模型？

接下来我们将重点介绍如何利用 SCQA 模型写好文章的序言。

我们得承认，工作文章写得再出彩，也不会像小说一样扣人心弦、引人入胜。因此要吸引读者读我们的文章，就要让他产生阅读的兴趣。一个行之有效的方法，就是让序言抓人眼球。建议大家在没有特别原因的情况下，都使用讲故事的方式为序言开头。通过故事将情境、冲突、疑问逐一交代出来，最后指向答案——我们正文要论述的观点。对于读者来说，故事比抒情、议论更容易理解，也更有趣味性，如果故事里有适当的悬念引发了他们的疑问，他们读下去的欲望就会大大增强。并且，用讲故事的方式传递信息，读者也更容易接受，有利于我们后续表达观点。

要写出一篇出色的序言，需要遵守几条写作规则。首先，序言的作用是给读者提供提示，而不是向读者灌输信息，所以需要读者去证明的内容不能出现在序言里。其次，使用讲故事的方式写序言时要确保包含背景、冲突、答案这三个要素。三个要素的顺序可以变化，但缺一不可。如果文章篇幅比较长，还要在序言里简略点出接下来都有哪些内容。最后，序言的长度由文章的主题决定，并且需要考虑读者的感受。序言要包括读者读正文之前应该获知的所有信息，但是篇幅不可无限延长。

在写序言的时候，情境、冲突、疑问、答案的顺序并不是固定的，可以进行有技巧地组合，呈现出我们需要的风格。标准的格式就是“背景——冲突——答案”的组合顺序。如果想突出我们的观点，可以使用开门见山的方法，把答案放到最前面，然后是“背景——冲突”。另外还有突出忧虑式，将冲突放在最前面，一下子就把存在的问题推到读者面前，然后才叙述背景，揭晓答案。突出信心式是将疑问放到最前面的类型，先问怎么做，然后介绍“背景——冲突——答案”，营造一种解决问题的氛围，给人以信心。

虽然序言适合用讲故事的方式开篇，但是并不需要像故事一样写得很长，一般来说，写到两到三段就可以了，最好不要超过四段。序言过长，往往会侵吞正文的内容，但是它们是要在下一步才给读者看的，不需要在序言阶段早早暴露。序言里透露给读者的信息，应该是已知信息，不要引起争议，否则读者可能会因为看法不同对文章提出异议，如果发展到这一步，不仅序言不成功，整篇文章都会显得很失败。

使用SCQA模型写序言，也有一些常用的模式。

如果你已经接触了一些工作文章，可能已经发现，工作文章一般围绕这几个问题展开：我们要做什么？我们要怎样做？我们是不是应该这样做？为什么会发生这类情况？人们通常更关注应该做什么，而较少关注发生某种情况的原因。所以工作文章要告诉人们在某些情况下应该采取什么行动。

需要解决的问题不同，文章适合的序言模式也不同，使用频率最高的是以下四种。

1. 发出指示式

这种模式针对的是“我们要做什么”或“我们要怎样做”的问题。作者的出发点是告诉某些人去做某件事，也就是发出某种指示。它的背景、冲突、疑问一般这样安排：

背景——我们要做M事。

冲突——因此需要做N事。

疑问——我们（读者）要如何做N事？

2. 寻求支持式

当我们写文章是为了寻求支持时，可以使用这种模式。例如我们拟定了一个推广方案，需要公司划拨款项进行支持，提交的文章就可以这样设计：

背景——我们面临某个问题。

冲突——我们制定的解决方案需要若干经费。

疑问——（读者）应该批准这些经费吗？

3. 解释方法式

如果写文章是为了回答某人关于某些情况的疑问，就需要用到这种模式，其实就是在向读者解释为什么要这样解决某个问题。这类文章的主要条目就是解决方案的步骤。它的模式通常是这样的：

背景——需要做某件事。

冲突——有一些干扰因素（如没有做好准备等）。

疑问——该怎样排除干扰（如做好准备等）。

4. 比较选择式

当工作上遇到问题的时候，领导常常要求负责的员工拿出不止一个解决方案。例如，笔者了解到有的公司要求员工每次提交的方案不得少于三个。实际上，如果员工已经对问题认识得足够透彻，很容易找到最佳方案。这就像做单项选择题，要么选择正确答案——解决问题，要么选择错误答案——解决不了问题。这种情况下，最佳方案以外的其他方案都是陪跑的，这时需要在文章中通过比较，告诉读者应该选择哪个方案。这样的文章序言可以这样写：

背景——我们要解决某个问题。

冲突——我们有几种不同的解决方案。

疑问——哪一种方案最适合？

从走到跑：模仿

我们在前面提到，模仿范文进行写作也是学习写工作文章的一种途径。其实不局限于工作文章，各种文体的写作都可以把模仿当作一种练习手段。就像动物幼崽跟随母亲学习捕猎本领一样，我们也可以通过学习范文，实现写作上由蹒跚学步到大步快跑的升级。

在日常积累的过程中，我们遇到的写作素材一般有两类：一类是固定的，不太具有变通性，要使用只有死记硬背，如一些名言、格言、警句；另一类是可变的，通常是意蕴深厚、说理深刻、逻辑缜密的作品或段落，一般不需要背下来，在理解的基础上记忆即可。第二类素材也是我们模仿的主要对象。

模仿从程度上划分，有三个层次：模仿表达、模仿框架、模仿思路。

模仿表达、模仿框架都停留在形式层面，指的是总结出范文的固定句式、结构框架，根据自己的需求填进相应的内容，进行必要的增加或删减，表达出不同于原文的思想或观点。模仿思路要更深一个层次，需要解析范文的行文思路，自己重新组织结构和语言，重新创作。只有了解了范文论证的思路和脉络，才能实现模仿思路式的写作。

我们来通过一些例子看一下如何进行这三类模仿写作。模仿主要适用于日常的练习，而非在实际生活中照搬照抄。我们需要通过模仿锻炼自己的表达能力，找到自己的表达方法。

模仿表达，可以看作最基本的模仿训练，可以模仿一段话，也可以模仿一个句子。

> 范例：真正的勇士，敢于直面惨淡的人生，敢于正视淋漓的鲜血。
>
> 模仿：优秀的员工，敢于直面复杂的工作，敢于承担艰巨的任务。

模仿框架。平时阅读时评或者范文时，总会遇到很不错的说理表达，而且中间包含了很多好用的句式，会使整个论证很紧凑。这个时候我们可以把这些句式提炼出来，在不同的话题下进行练习，熟练之后就可以自如地运用到自己的文章中了。

> 范例：泥土和天才比，当然是不足齿数的，然而不是坚苦卓绝者，也怕不容易做；不过事在人为，比空等天赋的天才有把握。这一点，是泥土的伟大的地方，也是反有大希望的地方。

范例的句式，提炼一下是这样的："……和……比，是……，然而……；不过……。这一点是……，也是……。"原作者通过这段话论述了看起来差距悬殊的泥土和天才的优劣，表明尺有所短，寸有所长。在对比差异明显的两个对象的时候，就可以考虑模仿这样的段落结构。

> 模仿：新人员工和决策者相比，固然是差距很大的，然而不是踏实肯干者，也怕很难做好；不过有志者事竟成，比触到天花板的决策者有希望。这一点，是新人员工的优势，也是能大有作为的地方。

模仿思路。对模仿表达和模仿框架熟练以后，就可以进一步尝试模仿思路了。到了这一步，不必刻意模仿范文的表达和结构，只要把握住写作思路就行了。

> 范例：发展的本质是什么？发展是收入水平不断提高。而收入水平不断提高的前提是劳动生产率水平不断提高。怎样才能提高劳动生产率水平呢？就是现有的产业必须不断技术创新，新的附加价值更高的产业必须不断涌现。——林毅夫《新结构经济学的理论创新》

我们分析一下范例，它从一个设问出发，层层递进，不断提出问题，不断扩大论述范围，我们也可以模仿这个思路来写一段关于自身工作的话，例如下面这段关于营销方案的。

> 模仿：营销方案的本质是什么？营销方案是提升销量的工具。而销量的不断提升依赖于产品质量的不断提高。怎样才能提高产品质量呢？这需要公司各部门齐心协力，各司其职，把自己负责的工作做到极致，必然会涌现出更多优秀的产品。

进行模范写作的训练的思路，可以用三个词概括：交换、比较、反复。交换的意思是，不管我们进行哪种类型的模仿练习，都需要在不同的话题上交替应用，因为不同类型的话题有不同的表述需求，需要通过实际写作来熟悉。比较指的是，进行一些练习以后，可以把类似的话题归拢到一起，比较一下，看看哪种形式更好，升华为一种表达模板，以供未来使用。反复的意思很简单，就是重复，日复一日不断重复练习，经过长期积累才能实现从量变到质变的飞跃。

提炼关键句

写工作文章和创作文学作品不同，工作文章通常不需要设置悬念、布置伏笔，把问题说清楚、讲明白才是它的主要任务。所以工作文章应该多为读者考虑，为文章设置关键句，就是一种帮助读者快速了解文章主要内容的便利手段。

关键句概括来说就是提炼要点、提炼精华的句子。提炼出的关键句应该回答由文章主题引发的疑问，并显示出文章的框架结构。如果一篇文章列出了关键句，读者一眼扫过去就知道作者是什么样的思路、都讲了什么观点。关键句以下的大段论述都是支撑这些观点的资料，读者可以选择详细阅读，也可以就此打住，接受作者的观点。关键句就像一种预警机制，不管读者做出哪种选择，都不会在文章中碰到意料外的观点。这就为读者理解文章降低了门槛。

在篇幅较短的文章中，不必再单独提出关键句设置成小标题，只要在每段段首设置具有关键句功能的主题句即可。为了让读者更容易注意到主题句，可以为它们加上着重号、下划线，突出显示。

提炼关键句需要注意，关键句应该是体现思想的句子。诸如“×× 介绍”“×× 背景资料”这种不体现思想的句子，读者读了也获取不到有价值的信息，是不能作为关键句的。

遵循规律

在第三章讲述如何用金字塔原理重塑思维的时候，我们提到了逻辑对思想的重要性，写文章也要遵守逻辑，也就是要遵守一些基本规律。

1. 同一律

同一律指的是，在同一个思维过程中，所思考的对象和所使用的概念要保持同一性。也就是说，在一个思维过程里，思考的对象、使用的概念的范围和含义要稳定，不能忽左忽右。举例来说，如果你要写一份以本部门为研究对象的报告，文章范围就应该锁定本部门，不能忽然插进一笔开始大段地讲述别的部门甚至别的单位。

我们已经了解，工作文章必然有明确的主题，开篇、主体和结尾都必须紧扣主题。如果文章中使用了某些概念，那么无论在文中什么位置提及，概念的含义、范围都必须一致，否则读者会感到混乱。有时候，写文章的人为了让论点显得对自己有利，会用技巧把真正要探讨的问题用另外一个问题替换掉。在逻辑上，这种做法被称为偷换论题，如果读者不够留心很可能会被蒙混过去。我们在写作中应该杜绝这种现象。

如果文章需要叙述某个事件，就要把记叙的六要素——人物、事件、时间、地点、原因、结果交代清楚，这样才能脉络分明、表述清晰，同时保证六要素的同一性。

在下笔前先问问自己这三个问题，有助于保持思路清晰：需要解决什么问题？必须完成哪些任务？最紧迫的需求是什么？

2. 不矛盾律

不矛盾律指的是在论述的过程中不能够自相矛盾或逻辑矛盾。

逻辑上的矛盾有两种形式：互相反对的判断、互相矛盾的判断。互相反对的判断指的是两个判断互相排斥，那么其中至少有一个判断为假，但是不可能同时为真。互相矛盾的判断则是非此即彼，必然一真一假，不存在第三种情况。因此，违背不矛盾律的逻辑错误也可以分为两种：模棱两可、自相矛盾。模棱两可指的是，面对关于同一个思维对象的两个彼此否定的判断，都持肯定看法。例如甲说乌鸦是黑色的，乙说乌鸦是白色的，做出判断的人表示甲说的没错、乙说的也没错，这就产生了逻辑矛盾。自相矛盾指的是对同一个对象的同一种属性，既进行肯定又进行否定，陷入逻辑矛盾。例如一个领导评价下属处理一项工作的做法时，刚肯定对方做得不错，紧接着又批评对方漏洞很多，这就是自相矛盾，会让下属摸不着头脑。

3. 排中律

排中律是逻辑的基本规律之一，在同一个思维过程中，如果两个思想互相矛盾，那么它们不可能同时为假，必定有一个是真的，也就是“要么 A 要么非 A”。排中律要求人们在面对两种彼此矛盾的看法时，要明确自己的态度，果断地做出抉择。

但是应该注意到，对于排中律的要求，不可以机械地套用。如果人们正在讨论的问题还没有得出明确的观点，没有形成两种对立的观点，那么就要侧重思考，而不要急于表态。

4. 充足理由律

充足理由律指的是在论证的过程中，做出的每个真实的判断都必须理由充足。充足理由律由理由和推断作为表象，依据理由得出推断（结论）。在这组关系中，理由必须是真实的，理由和推断之间要存在必然的逻辑联系。这就要求我们写文章时，观点和支撑观点的论据必须有确定的逻辑关系，不能够随意堆砌无关论据。理由（论据）真实是基石，如果理由站不住脚，推断（结论）也禁不住推敲。如果理由真实，但是和推断没有必然的逻辑关系，也会出现逻辑错误，观点无法成立。

以上四条规律是形式逻辑的基本规律，它们是思维正确的必要条件，贯穿在全部写作过程中，渗透在每篇文章的每个环节里。要想把工作文章写好，就要注意遵守四条基本规律的要求。

素材恰当

如果把文章看作建筑，恰当的素材就是构成建筑的一块块砖石。准确而充分的素材是文章提出解决方案的依据，是支撑观点的基础。如果缺乏恰当的材料，文章的说服力将大大降低。

收集素材和提升文笔其实是两码事，如果让一个不熟悉某项工作的人来写介绍相关项目的文章，即便文笔再好，也难以胜任，正所谓巧妇难为无米之炊。那么，是不是从事一项工作久了就能自然而然地得到很多素材呢？也不尽然。工作素材本身就是一个内容复杂的混合体，来源各不相同，形式多种多样，有些比较稳定，长期变化不大，有些更新换代很快。如果不时刻留心，特意去收集，素材就会像指尖沙粒一样溜走。

收集和积累素材是一项功在平时的工作。在日常工作中应该培养起收集、整理、总结的习惯，将遇到的疑点、难点、技巧、思路整理成册，随时备查。切实认真做好素材的收集和积累工作，以免在需要的时候措手不及，临时抱佛脚。

既然要做素材的收集工作，就需要一个合理的收集方略。之所以称其为方略，是为了强调收集素材要有全盘规划和实施策略，否则很容易陷入各种材料的汪洋大海里，费时费力却一无所获。实施这个方略需要从以下方面入手。

1. 日常素材的积累

日常的素材往往零散杂乱、没有体系，这样的素材没法直接用在文章中作为论据。要想获取有用的素材，必须多加注意。

首先要立足于本单位、本部门，对和我们工作有关的情况做到心里有数，例如单位的业务范围、人员配备、重点工作、整体规划、任务的执行情况。对于单位的领导层来说，掌握这些情况很容易，但是对于一般员工来说，则需要多加留心、多加学习请教，花费一些时间和精力。

其次要着眼于本系统、本行业。任何一家单位都是所在系统和行业的一分子，就像水滴是河流的一分子一样，水滴向哪里流淌、如何运动，取决于河流的流向和缓急。每个行业都有自身特色，这一点可以通过一些专有词汇体现出来，在撰写工作文章时应该有所体现。如果连行业特点都不清楚，就容易说外行话，甚至闹出笑话。

最后，要秉持有用、适度的原则。所谓过犹不及，要知道，一个人的精力有限，穷尽工作中涉及的所有素材是不现实的，所以应该懂得如何做出取舍。可以试着从培养以下几种意识入手。

剔除意识。要时刻记着，我们收集的素材要有信息价值，而没有价值的素材就要果断剔除。

时效意识。现代社会是个快节奏的社会，信息更新换代很快，收集素材也要注意时效性，注意区分长期稳定的素材和流动性的素材，合理区分，有选择地进行收集。

整体意识。素材往往是一些不成体系的信息，有些素材孤立来看似乎没什么价值，但是放到整体工作中却不可或缺。因此，做取舍的时候要注意从全局出发进行判断。

超前意识。有些素材对眼前的工作作用不大，但是却是今后工作的关键，对于这一类素材，要以超前的眼光进行甄别，应收则收，避免未来工作用到时无“材”可用。

统计意识。进行收集和整理工作无论如何也绕不开统计，拿到手的素材如果不科学地给予量化和统计，就很难在未来的工作中发挥应有的效用。

2. 掌握一手素材

素材按来源划分有两类：一类是自己直接从工作中收集到的，是一手素材，也叫直接素材；另一种是从资料、文件等渠道获取的，由于已经由他人筛选、整理、加工过了，所以叫二手素材，又叫间接素材。在写工作文章时，两类素材都要用到，不可或缺。但是一手素材相较来说更加重要，收集起来难度也更大。

有些人在写工作文章时，急于求成，翻出别人整理好的材料东拼西凑，必然只能拾人牙慧，难以创新。关键就在于他们缺乏对一手素材的直接认识和了解，对于写作内容没有真实体会。从实际出发，掌握一手素材，建立对工作的感性认识，是写好工作文章的一项重要条件。

写作小贴士

这一部分整理了一些写工作文章时常出现的小问题，虽然不算大的错误，但是很影响整篇文章的观感，大家可以对照着看看自己在写作过程中是否存在这些问题。

1. 错误的写法

（1）检查不仔细，有明显的错别字。

（2）段落写得很长，半天读不完一段。

（3）语言啰唆，写了很多字还没有表达出主要思想。

（4）句子很长，一句话有好几行。

（5）随意设置小标题，标题之间格式不统一。

2. 改进的方法

（1）尽量在文章的第一段把主要思想表达出来。

（2）每一段的第一句话最好把本段大意表达出来。

（3）一段话尽量控制在五行左右。

（4）一句话尽量控制在两行左右。

（5）小标题的格式要统一。

（6）写完文章要反复审读，把错别字、病句改过来。

自我练习

在小学的语文课上，我们经常练习给课文划分段落、概括段落大意和文章中心思想。这其实是在让我们分析文章谋篇布局的结构，提炼核心观点。这是一种最基础的帮助我们学习、理解一篇文章的方法，在工作中也同样适用。大家在日常生活中不妨多做一些这样的练习，养成习惯以后对自己写文章也很有帮助。比如，从自己关注的公众号里筛选几篇写得不错的文章进行分析，看看它们有怎样的结构，是怎么抓住读者的眼球的。想一下，如果让你来写同一个主题，你会怎样组织语言。如果你有开设自己的公众号或专栏的打算，不如就利用这些素材，写几篇文章来练练手。

◇ 第四节 建造金字塔演示结构

当你已经利用金字塔原理和各种技巧准备好了要表述的内容，接下来就是把它展示给他人的时候了。很多时候工作文件以文字的形式呈现，但是 PPT 演示文稿的应用也越来越受欢迎。前文介绍过的一些工作文章的类型，如年终总结、述职报告、年度计划等都可以制作成 PPT，以幻灯片的形式呈现。本节我们将介绍主要的演示类型，以及如何使用它们进行演示。

演示的类型

工作中的演示大致可以分为文字演示和幻灯片演示两种类型。选择哪种方式进行展示，和我们要呈现的内容的篇幅、受众的人数有关。

如果要传达的信息很少，而且受众只有一个或少数几个，使用书面文件就可以满足需求，可以把我们整理好的文字直接发送给收件人，供其自行阅读。如果信息较短，但是要传递给很多人，可以采用标注要点的文本，便于多人讨论。如果内容很多，且要传递给很多人，最适合的就是制作成 PPT，向多人讲解。

无论是在纸面上还是在幕布上进行展示，都应该设计出清晰的结构，确保读者看到以后能尽快看懂逻辑关系，以便更快地理解。

但是要想让读者快速看懂逻辑关系，在纸面上呈现和通过播放幻灯片进行讲解所用到的技巧是不同的。下面我们将分别介绍为文字建立演示结构和为 PPT 建立演示结构的方法。

建立文字演示结构

在写文章的时候，我们需要为它建立金字塔结构，以便更好地组织内容。内容组织好以后，要想在页面上直观地显示出金字塔层级，还需要借助一些手段。总结起来有以下几种常用的方法：下划线（着重号）法、多级标题法、编号法、缩进法、项目符号法。

这些方法可以单独使用，也可以组合使用，无论使用哪种，目的都是使文本的结构和层级清晰起来，便于读者理解全文的主要观点。另外注意一点，在观点之间做转换时，需要增加过渡句，连接前后文，避免转换得太生硬，读者跟不上节奏。下面我们来看一下这几种方法分别怎样使用。

1. 下划线（着重号）法

如果是短篇文章，每个关键句只需要两段就能讲清楚，读者阅读难度很小，这时就可以用下划线（着重号）法来标示文章的框架结构。为每段的要点——通常就是关键句——加上下划线或着重号，读者拿到文章的时候，一眼就能看到重点有几条，分别是什么。

2. 多级标题法

遇到篇幅比较长、层级比较复杂的文章，就要优先考虑多级标题法，同一层次的标题使用同样的格式。我们来形象地看一下多级标题法的使用方法。

> **文章标题**
>
> 文章标题的字号应该是全文最大的，一般居中放置，标题下应该是一段介绍性的文字，通常是序言。
>
> **一、章标题**
>
> 序言结束之后要分别论述一些问题，这时就要开始分章，标明章标题，并标上序号。章标题的字号略小于文章标题的字号。
>
> **（一）节标题**
>
> 如果每章之内还要分别叙述不同的内容，就要再分节，写好节标题。
>
> 1. 小节标题
>
> 小节标题的等级要再低一层，小节内的内容可以使用其他手法再标出层级。

（1）段落编号。给段落的关键句进行编号，放在段首，并可以加上下划线或着重号，表示这句是段落的重点。

—项目符号（线条式），可以使用它标注段落内的不同条目。

●项目符号（圆点式），可以再进一步细分条目，但是很少有文章需要划分这么多层级。

使用标题法时，有一些事项需要注意。

（1）每一级的标题不能只有一个。标题标示了金字塔结构中不同级别的思想，每一级都应该有不止一项内容。章标题、节标题、小节标题都不能只有一个。一个标题代表的是一个观点或思想，几个标题组合起来形成一组思想，才是金字塔结构的一个完整的层次，所有的层次叠加在一起才是一座金字塔。

（2）同一级思想应该使用相同的句式。为了强调每组思想的同质性，同一级别内的标题应该使用相同的结构，如果把标题单拿出来就像在看一组排比句。

（3）标题要精练。标题的作用是提示下文，应该简明扼要，不宜写得太具体、太啰唆。

（4）区分标题和正文。标题是为眼睛服务的，而不是为大脑服务的，标题不承担正文的任务，即使拿掉标题，文章也应该是通顺的。但是存在特例，如果是编号的段落，段落的首句也是正文的一部分。

（5）避免滥用标题。无论做什么事都要提醒自己“过犹不及”。如果标题对你清楚地传达信息有帮助，才应该设置标题。通常情况下，标题并不需要分太多层次。

3. 编号法

在阅读科学技术类书籍时，如果留心观察一下目录的格式，能发现这类书通常使用数字编号来划分目录的层次，有的书甚至会给内文的每个段落都标上序号，这样做有一个好处——检索内容会十分方便。不过，如果需要删除或增加段落，就不是那么方便了。而且，序号多了会削弱文章的整体性，仿佛整个文本被打散成一个个关联很弱的段落了。

编号法最常应用的形式是和标题法组合，基本形式如下：

1. 如何写好作文

　1.1 如何写好议论文

　　1.1.1 掌握三段式结构

　　1.1.2 积累论据

　　1.1.3 向优秀作品取经

　1.2 如何写好记叙文

　　……

　1.3 如何写好说明文

4. 缩进法

有时候，文章篇幅很短，不方便使用标题法或编号法。但是，由于仍然包含不同组的思想，你又希望用某种方式突出重点，在这种情况下，你可以试试缩进法，将句首缩进一两个字符。这样一来，文章的结构就清晰了。

不过要注意，尽量用相同的句式罗列观点。而且一篇文章里最好只有一组观点使用缩进法，否则就会显得过于参差不齐，反而不利于读者理解了。

5. 项目符号法

项目符号法属于缩进法的变形，区别在于不再使用空格，而是在句首添加项目符号，如短线、圆点。我们在标题法的例子中已经做过展示。

这一部分介绍的几种方法，都是从结构上改变文章呈现的形式，让逻辑关系变得可视化，从而使读者不必经过深度思考就可以搞懂文章的逻辑。这样做可以为读者节省一些时间，尤其对于要经常阅读大量文件的人来说，格外有现实意义。

建立 PPT 演示文稿的演示结构

在工作中，很多人倾向于直接提交文字报告，而不是使用 PPT 演示文稿进行展示。因为在他们看来，PPT 演示文稿只不过是把文字排进一张张幻灯片里而已，顶多再加上一些图表，制作起来麻烦，又没有什么好处。这其实是误解 PPT 演示文稿了。

制作 PPT 演示文稿并不像我们想象的那样单调，相反，它是一件很有挑战性和技巧性的工作。PPT 演示文稿是一种视觉演示，通常要面对数十位甚至上百位观众。演示的现场可能会出现各种小意外，观众会做出何种反应几乎无法预计。而且，人数一多大家的注意力就很容易分散，将自己的信息传递出去也变得更加困难。因此，当你需要进行演示时，你必须想方设法抓住你的观众，换句话说就是，你要懂得如何取悦你的观众。制作出优秀的 PPT 演示文稿是重要的一环。临场的发挥也非常重要。进行一场出色的演示甚至有点儿像明星登台演出，你需要事先准备剧本，把握时机和节奏，还要懂得制造悬念。总的来看，说演示是一场行为艺术也不为过。

想象一下，如果在这样的场合，你展示的幻灯片每页都密密麻麻地排满了文字，一页中甚至列出了七八条观点，而你就坐在台上一条一条地读给台下的观众听，观众能坚持听到第几条？有人把这种演示方法称为“视觉朗诵”，演示者只是换了个形式读稿子，根本算不上在进行视觉演示。为了避免这种糟糕的局面，演示者必须了解一些制作 PPT 演示文稿的基本规则。

首先，幻灯片的文字应该尽量简洁，只呈现最重要的、恰当分组和归纳的观点；其次，整个演示文稿应该图文并茂，文字和各类图表、示意图搭配起来；最后，演示文稿背后应该有经过精心设计的剧本。

文字幻灯片和图表幻灯片是演示文稿的两个重要成分，最佳的比例应该是图表类占 90%，文字类占 10%。文字类幻灯片的作用是负责给出演示文稿的框架结构，强调重点思想、观点论点、结论、建议、措施。图表幻灯片的作用是展示文字不好表达清楚的数据、关系。接下来我们将详细介绍一下制作文字幻灯片和图表幻灯片应该注意的事项，并说明在制作演示文稿时，如何把金字塔结构的文本转换成演示文稿的剧本（演讲稿）。

1. 制作文字幻灯片

如果你要使用幻灯片进行一场演示，首先要明确一个容易被忽略的现实：观众最注意的并不是幻灯片，而是演示者。回想一下在学校上课的情景就很好理解了，老师是课堂教学的主体，同学们都会把目光集中在老师身上。同理，演示者是整场演示的主体，幻灯片只是演示的辅助工具。所以演示者表述的内容并不能和幻灯片呈现的内容画等号。明白了这一点你就容易理解接下来的内容了。

在制作文字幻灯片时，你首先得搞清楚自己要说什么。例如，你要分析一家老牌企业在使用直播进行销售的过程中存在的问题，总共归纳出三点，那么呈现为幻灯片时，只要四行文字就够了——一行是标题，三行是三点问题。而在口头表述的时候，你不能照着幻灯片念这四行文字，而是要交代清楚来龙去脉，事件背景是什么，冲突是什么，疑问是什么，下一步准备怎么做，也许要说上几分钟。

合格的幻灯片只呈现关键信息，简洁明了，而不会大段地堆砌文字，更不会把需要口头讲述的转折性或介绍性内容体现出来。这么做对于现场的观众很方便，但是对于因故无法出席演示活动的人来说就存在一些问题，因为他们即使拿到幻灯片也很难搞清楚到底讲了什么。这种情况下就需要再为他们提供一份演讲稿，补全幻灯片省略的信息。总之，文字幻灯片呈现的是金字塔结构中展现主题框架的内容。

该如何确定每张幻灯片呈现哪些内容呢？你需要掌握以下几点原则。

（1）一次只展示和说明一个观点。除了展示幻灯片摘要（目录）的那些页面，其他的每页上只需要安排一个观点。

（2）使用陈述句表达观点，而非标题。即便你希望精简表达，也应该使用能把观点交代清楚的短语，例如“受众范围”和“受众范围广阔”，显然后者表达的意思更清楚，更利于观众理解。

（3）精简文字。一张幻灯片呈现的内容不宜超过六行。如果一个观点下的内容很多，一张幻灯片展示不完，可以拆分成多张。

（4）词汇、数字尽量简单。幻灯片中尽量不要出现过长、过于生僻、过于复杂的词汇，否则会给观众理解制造困难。情况允许的前提下，数字也要优先使用简单的表述方式，如使用“120万”，而非“1200000”。

（5）确保字号够大。展示用的幻灯片字号不能太小，否则靠后的观众很难看清楚标题以外的内容。一般情况下，标题应该是

44 磅，一级文本是 32 磅，二级文本是 28 磅，小于 28 磅的字最好不要出现在演示用的幻灯片里。所以内容设置最好就到二级文本为止，否则观众看幻灯片就像看视力表一样要连蒙带猜了。

（6）增加趣味性。使用具有设计感的布局、字体、颜色，可以使幻灯片看起来更有趣、更悦目。适当增加一些动画效果，可以让扁平的幻灯片活起来。

2. 制作图表幻灯片

文字是大家最熟悉的交流工具，文字幻灯片虽然形式不同于文章，但是传递信息的方法并没有变。图表幻灯片则不同，表格、曲线图、示意图等图表是以图形的方式来传递信息的。图表可以直观地向观众呈现需要大量文字来描述的复杂关系。

使用图表幻灯片传达信息，应该做到简单易懂，因为观众很难像推敲文字那样仔细研究图表。可以想象一下，如果观众要像玩“找不同”的游戏一样从图表里挖掘信息，该是多么痛苦的一件事。过于复杂、过于分散、过于详细，都是制作图表幻灯片的大忌，这些失误会导致你不得不花费大量时间解释图表，使用图表的初衷就荡然无存了。如果确实有必要使用复杂的图表，那么也应该控制数量，一个演示文稿中最好不要多于两个。

饼状图、条形图、柱状图、曲线图和散点图是图表幻灯片最常用的几种，它们可以展示某个事物、某个流程的组成部分，形象地展示数据。图表通常可以解释这些问题：组成部分、变化情况、比较情况、分布情况、关联情况。

制作图表幻灯片的时候，你要解释的问题决定你如何选择图表，而问题的答案就是图表的标题。图表的标题应该简洁，并且能传递完整的信息，最好是一个完整的句子，或者是带有动词的短语。使用意思明确的标题还有一个好处，那就是让观众关注你要传达的信息，因为一个图表有时候不止体现一个信息，而观众的关注点往往各不相同，如果不事先用标题进行引导，大家可能提炼出各不相同的结论。例如，你展示了一个体现各个渠道销售份额的饼状图，为的是介绍线上销售占总销售额的50%以上，如果不注明标题，有的人可能去注意连锁店销售高于代理店销售。

3. 制作演示剧本

熟悉了如何制作文字幻灯片和图表幻灯片以后，就该设计演示的剧本了，也就是你的演讲稿。将组织成金字塔结构的文字转换成演讲稿，可以采用以下方法：

（1）写出详细的开场白。演讲稿的开场白相当于金字塔结构中的序言，需要好好设计。不要怕麻烦，把你想说的所有内容按照先后顺序整理出来，确保没有遗漏。整理的过程还可以顺便检查，你设计的问题是否是观众要问的。

（2）设计故事梗概。把所有的幻灯片看作一个故事的各个情节，每个情节都由各自的序言、关键句、支撑观点的内容组成，合理安排它们的出场，就像安排故事情节一样。

（3）逐步确定展示方式。也许你还欠缺一些细节、一些数据，但是没有关系，只要知道它们的类型和关系就可以先为它们设计好展示方式。

（4）为每张幻灯片设计演讲稿。还是用上文提过的方法，把每张幻灯片看作一个故事情节，在演讲稿里设计好情节的流动方式，确保演示时流畅、合理。

（5）完成文字幻灯片和图表幻灯片的所有内容，包括每条文字和每个图标。

（6）反复排练。不断地排练演示过程，把随时想到的问题记下来，调整自己的行动。

为了便于熟悉整个演示流程，你可以在一张纸上画出简略的步骤图，把每张幻灯片的讲述都安排进去，简单注明每张是什么内容，并标清楚是文字幻灯片还是图表幻灯片。

第六章

如何分析和解决问题

熟悉了金字塔原理以后，在写一些不太复杂的工作文章时，你应该可以顺利地在序言里使用“背景——冲突——疑问”建立问答对话，引出你的解决方案。但是如果需要写篇幅长的复杂文章，例如项目规划、研究报告，难度可就不同了。首先你需要花费较长的时间收集材料，还得将各种各样的数据、信息、观点分类和归纳，光是对材料进行取舍就是个浩大的工程，整个写作过程可能持续一两周甚至一个月。在这个过程中，你需要完成这些工作：分析材料、界定问题、得出解决方案、分享解决方案。

总的来看，这类文章主要旨在解决三类问题：我们需要做什么？我们应该这样做吗？我们该怎么做？

第一类问题的前提是文章的读者并不知道解决方案；第二类问题的前提是读者知道了解决方案，但还没有决定接受；第三类问题的前提是读者愿意接受解决方案，要进一步知道怎样操作。

在这样的文章中，需要在序言部分把问题界定出来，然后用金字塔结构呈现分析问题、提供方案的步骤，或者这样做的理由。即使你已经完成了对这些步骤的思考，将它们以恰当的形式组合成可以向他人讲解的方案，仍然需要进一步的工作。整个工作需要经过这几个阶段：界定问题、分析问题、寻找解决方案、把方案整理成便于交流的金字塔结构。

前两个阶段至关重要，关系整篇文章的成败。完成界定、分析问题的过程，其实是在头脑里创建金字塔结构的过程，完成这两步，后面两步操作起来就很方便了。本章我们就将重点介绍如何界定问题和分析问题，以及如何找出解决方案。

◇ 第一节 界定问题

界定问题是个复杂的过程，导致一个现状的因素往往错综复杂，甚至存在迷惑成分，一旦界定错误，就会误入歧途，给出效果堪忧的解决方案。我们先来看一个案例。

为了纪念托马斯·杰斐逊（美国历史上第三任总统），美国在华盛顿修建了杰斐逊纪念堂（Thomas Jefferson Memorial）。纪念堂建成于1943年，墙壁由白色大理石砌成，庄严优美。但是曾经有一段时间，一个令人头痛的问题困扰着纪念堂的工作人员——纪念堂的墙壁受到严重的腐蚀，经常开裂。维护人员为此感到十分为难，游客也经常抱怨。

为了解决这个问题，杰斐逊纪念堂进行了调查，旨在找出墙壁开裂的原因。原来，问题出在清洁墙壁的酸性清洁剂上。频繁、大量地使用清洁剂，导致石质墙壁遭到腐蚀，引发开裂。那么能不能降低使用清洁剂的频率呢？不可以。纪念堂的外墙频繁被鸟粪污染，不能不经常清洁。如此一来，可行的解决方案似乎只有一条：使用更高级、腐蚀性更小的清洁剂；定期检查墙壁情况，及时更换受损的石块。

看起来，杰斐逊纪念堂墙壁开裂的问题得到了解决，但是纪念堂每年要为此增加一笔不菲的开支。那么，还有没有更好的解决方案呢？

进一步调查发现，虽然杰斐逊纪念堂墙壁受鸟粪污染严重，但是周围的其他建筑却没有这个问题。为什么鸟类如此青睐杰斐逊纪念堂呢？调查人员继续工作，发现这是因为纪念堂有很多鸟类喜欢食用的蜘蛛。蜘蛛为什么聚集在杰斐逊纪念堂？调查人员继续查证，终于弄清了事情的来龙去脉。原来，杰斐逊纪念堂一到傍晚就会打开景观灯，受到灯光吸引，大批飞虫聚集过来。飞虫的到来又吸引了大量的蜘蛛，蜘蛛吸引了大量的鸟类，最后的结果就是杰斐逊纪念堂的墙壁受到鸟粪污染，不得不频繁进行清洁。于是，墙壁开裂的问题出现了。

最终杰斐逊纪念堂是如何解决问题的？很简单，将开灯时间推后两个小时，与周围其他建筑同步。这样一来，飞虫、蜘蛛、鸟类全都少了，鸟粪也随之减少，清洁当然也就不需要那么频繁了。不需要花高价更换高级的清洁剂，也不需要时刻准备着更换石块，开支也省下来了。

试想，如果杰斐逊纪念堂没有继续深入研究问题，而采取了第一种方法，将带来多少不必要的浪费。可见，界定问题是多么重要的一步。

界定问题之前，首先要确定问题确实存在。判断方法并不复杂，如果经过一番努力达到的结果，和预期的结果并不相符——通常是低于预期，那么就可以说结果和预期之间存在问题。目前得到的结果又可以称为现状（Undesired Result），用 R1 表示；预期可以称为期望结果（Desired Result），用 R2 表示。阻碍从 R1 到 R2 的因素就是存在的问题，解决方案就是从 R1 到 R2 的途径。

这种找出问题、界定问题的方法叫作连续分析，适用于以下几类具有逻辑顺序的问题：

第一，是否存在或是否可能存在问题 / 机会？

第二，问题 / 机会在哪里？

第三，为什么存在问题？

第四，我们可以做什么？

第五，我们应该做什么？

第一、第二个提问是为了界定问题，第三个提问是为了找到产生问题的原因，第四、第五个提问是为了找出解决问题的方案。

最后体现在文章里，第一、第二个提问的答案将形成序言，第三、第四、第五个提问的答案将构成金字塔结构的思想和论点。

现状和预期之间的差距不是凭空出现的，而是由特定的背景条件导致的——可能是明显的单一原因，也可能是错综复杂的多重原因。无论导致现状的原因如何，只要能够搞清楚历史脉络，就能把握住问题的性质。在这个过程中，需要建立起界定问题的框架。我们来通过下面这个案例了解一下什么是界定问题的框架。

> 一家图书公司长期通过常规的发行渠道销售图书，在实体书店的销售额占据公司总销售额的80%以上。依靠着传统渠道，该公司连续几年都能实现销售额每年增长10%。但是，线上销售模式兴起以后，实体书店的销售状态受到冲击，这家公司发现，如果不调整销售模式，公司的销售额将大幅下跌。面对这种情况，公司决定尽快采取措施，确保销售额仍能每年增长10%。

我们来试着建立这个问题的框架。

首先，产生问题的背景是该图书公司通过常规发行渠道销售图书，常规发行渠道可以看作问题的切入点（也可以称为序幕）。这种做法以往可以实现年销售额增长10%的目标，这个目标就是期望，即R2。但是背景中有些情况发生了变化，导致可能出现不期望出现的结果——销售额下滑，即 R1。我们把已知条件列出来，就出现了一个关于这个问题的框架。

背景：

切入点 / 序幕：使用常规发行渠道。

困扰：销售额可能下滑。

R1：销售额下滑。

R2：销售额保持 10% 的年增长率。

如何从 R1 到 R2：开拓线上销售渠道；开拓独立书店销售渠道；加大营销力度。

这样一来，界定这家图书公司相关问题的框架就建立起来了。这个框架需要能够解释三个问题：

发生了什么情况？（切入点 / 序幕、困扰）

我们不想看到什么？（R1）

我们想看到什么？（R2）

将要产生的结果和期望之间的差距，就是要解决的问题。要解决问题就得找出差距出现的原因以及消除差距的办法。一般情况下，产生问题的原因就隐藏在背景里，通常就是切入点 / 序幕。如果你能找出上述三个问题的答案，就界定出需要解决的问题了。于是，你就可以进一步确定读者会提出什么问题，并给出答案。

解决方案一般要从切入点 / 序幕入手，其实就是改变现有的结构或流程。例如在这个案例中，销售额降低的原因出在发行渠道上，拓展渠道成为解决问题的主要手段。

如果你要以书面报告的形式提交解决方案，有了界定问题的框架，就可以很容易地将界定出的问题转换成序言。拿上面这个例子来说：

> 序言的背景：图书公司长期通过常规的发行渠道销售图书，每年销售额增长 10%。
>
> 序言的冲突：预计销售额将大幅度下跌，达不到 10% 的增长率。
>
> 序言的疑问：怎样继续保持 10% 的增长率？

总体来看，这个案例体现的是一种非常简单的模式，实际生活中遇到的情况往往更加复杂。例如有的企业已经意识到问题出在哪里，并且也有一些解决方案，但是他们没有执行，问题可能出现在这两方面：不知道解决方案是不是正确，以及怎样执行解决方案。这样一来，解决方案才是引发问题的因素。再比如，有的公司找到了存在的问题，有了解决方案，但是发现解决方案没能解决问题，于是他们存在的问题变成了：我们应该做什么。

总之，建立界定问题的框架，是找出解决方案的第一步，同时也是构建金字塔结构、向他人展示解决方案的第一步。

界定问题的框架还可以帮助你分析和修改文章。如果你想审查文章给出的解决方案是否恰当，可以这样操作：首先展开你的问题，如果问题存在多个层次就分别展开；查看你的解决方案对应哪个层次，是刚提出问题的层次还是已经被接受了的层次；接下来查看序言有没有体现出界定的问题；最后检查你的金字塔结构有没有给出问题的答案。

我们先来看一下怎样展开问题的各个层面。

我们已经知道，界定问题需要确定四个要素：切入点 / 序幕（starting point/opening scene）、困扰（disturbing event）、现状 / 非期望结果（R1，undesired result）、目标 / 期望结果（R2，desired result）。这四个要素就像一场戏剧的不同阶段，合在一起组成一个完整的故事，也就是问题展开的过程。

演出开始，首先呈现在面前的是切入点 / 序幕，它指向某个事件——困扰。在这个阶段，你可以把问题简单化，描述也尽量简短，到了要写成序言时，再详细展开。

困扰的存在，是由于某些因素干扰了原来顺畅的流程。这些干扰因素可能正在发生，也可能将要发生，它会影响背景的稳定性，导致出现人们不想看到的结果，即 R1。

导致困扰的原因可以分为以下几类：

1. 外部原因

这些因素发生在事件主体的外部，导致以往可行的流程不再适用。例如出现新的竞争对手、政策发生改变、出现了新的技术等。

2. 内部原因

这些因素是由于事件主体自身改变造成的。例如开发新的市场、调整业务范围、引进新的生产线等。

3. 新发现的其他原因

这类因素可能是自己发现的，也可能是出现了相关证据，表明会出现新变化，例如产品性能将落后、消费者喜好将发生转变等。

困扰导致的结果就是 R1。R1 可以是需要解决的问题、将要面临的问题，也可以是有希望抓住的机遇。R1 通常会产生这些影响：给公司的流程或结构带来不利影响；打乱某方面的正常工作；导致需要重新考虑业务流程、产品的状态；影响到关于市场、客户、自身竞争力的判断。

困扰可能导致不止一种 R1，在进行分析的时候需要分别标注出来，例如某公司销售渠道不畅，将导致市场占有率降低，销量下降，公司利润减少，无法抓住市场机遇等多重问题。

与 R1 相对的 R2，是人人都期望得到的。要判断获得的结果算不算 R2，需要对结果进行准确的衡量。为 R2 设定衡量标准时，可以使用具体的数值，也可以使用具体的结果。例如将市场占有率提升 10%、将成本降低 5%、有足够的资格参与某大型工程项目的竞标。如果暂时无法具体地描述 R2，也不要着急，在相应的位置注明解决问题后你期望达到什么状态即可。下一步，你可以把准确描述 R2 当作一个问题来解决掉。

将问题的各个部分充分展开，可以呈现一个初步的框架，虽然有点儿粗糙但是足够清楚。它可以帮助你找出你的理解和实际问题的差距。在分析问题的过程中，对切入点 / 序幕、困扰、R1、R2 的界定可能并不固定，会随着你对问题的认识程度而变化，这是正常的现象。你可能在收集资料的过程中，对问题发生的背景有更深入的认识，从而需要对 R1 和 R2 重新描述。

◇ 第二节 分析问题

界定问题以后，紧接着就要开始分析问题了。你可以使用这样的步骤来分析问题：收集信息、描述发现、得到结论、给出方案。要想高效地找到结论和方案，就得事先收集充足的信息，分析出有用的发现。

有不少人会在收集信息的阶段走弯路，眉毛胡子一把抓，不管是否有用，全都收集过来，于是浪费了很多时间和精力。要想有针对性地、高效地收集信息，需要借助一些工具，诊断框架正是为这种情况准备的。利用诊断框架和逻辑树，能够帮助我们梳理思维，还能使构建金字塔的工作变得简便，让我们更加高效地解决问题。

先对问题进行结构化分析，再有针对性地收集资料，可以节省大量的时间和精力，它的步骤是这样的：先提出一些假设；根据这些假设设计实验，根据实验结果来排除错误的假设；得出实验结论；根据结论提出解决方案。

先对问题进行分析，就是思考导致问题出现的种种可能性原因，这样可以初步缩小需要验证的范围。然后根据假设的原因，搜集资料，验证假设是否成立。

提出假设，并不是让我们天马行空地自由发挥，而是要在仔细研究问题出现的领域各部分之后，有一定依据地提出。诊断框架可以辅助我们完成这一步工作。

诊断框架

假如你的电脑无法开机了，你会怎样诊断问题出在哪里？你会思考各种可能的原因，但是无外乎两大类：外部原因、内部原因。外部原因可能是停电了、电源没插好，内部原因可能是电源线损坏、显示器故障、硬盘故障、主板故障等。当你在思考这些可能的原因时，就已经在头脑里初步建立起了诊断框架，如果用图表表示出来，就更加直观：

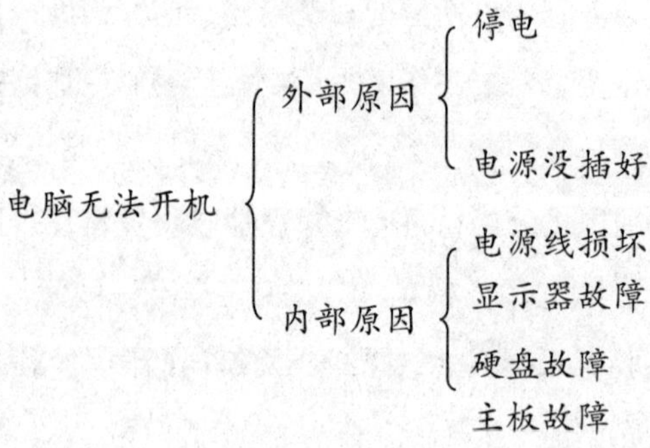

归纳造成问题的原因，要遵循 MECE 原则，即相互独立、没有重叠，完全穷尽、没有遗漏。电脑无法开机，要么是外部原因，要么是内部原因，这两部分又可以更详细地展开。我们可以根据这些展开，按照难易程度对备选项逐一进行检查。

建立诊断框架、进行结构化分析，可以用到三种方法：展现结构、找出因果关系、归类分组。这三种方法可以单独使用也可以组合使用。

首先来看展现结构。无论是大到一个国家，还是小到一篇文章，都有其结构。每个整体的一部分组织也有自己的结构，例如一家公司有整体结构，其中的某个部门之中也有内部结构。展现结构就是将出现问题的对象的结构描绘出来，直观地检查和分析可能产生问题的部分。

找出因果关系。找出形成因果关系的要素或任务，取得诊断结果，是诊断问题的第二个方法。如果已经有了分析对象的结构，就可以直接在结构中寻找因果关系。

我们以几种常见的公司内的结构为例，如果要解决关于资产的问题，我们可以利用财务结构进行分析，看看回报降低是收入减少了，还是成本提高了，还是其他方面出了状况。

如果要针对一项行动进行分析可以利用任务结构，任务结构往往形成树状分支，可以深入地展示实现任务需要采取的各层行动。例如一家公司计算毛利润的方法是收益减去固定成本（生产成本、人工成本等）和推广支出，如果要增加利润，就要从提高收益、降低成本入手。增加收益的方式有提高销量，增加市场占有率；降低成本的方式有降低生产成本（如采取环保包装），降低人工成本（如引进机械化程度更高的生产线），以及降低推广支出等。经过系统的分析，找出那些可行的措施，就可以定为公司未来的主要任务。

归类分组。有时候，为原因分类能够帮助我们更清晰地分析问题，可以试着将具有相似性的已知的可能原因分成几组。在使用归类分组法时，要保证上一层分组相互独立、没有重叠，完全穷尽、没有遗漏，在此基础上，向下寻找更具体的相关因素。对找到的每一个可能原因都要进行“是否判断”——“是”的留下，“否”的排除。例如一家公司发现自己生产的某款饮料销量下降了，列出了市场变化、仓储因素、定价不合理、广告不合理、销售人员问题等因素，逐一检查发现市场没有明显变化，仓储情况正常，定价也和市场上的同款产品持平，那么这几个因素就可以排除了，问题应该出现在广告或销售人员上。

等你用上述方法建立起诊断框架以后，就可以利用它找出解决方案了。

◇ 第三节 制定解决方案

在寻找解决方案的过程中，有时需要和他人交流、磋商，如果你需要向他人解释发现了什么问题，可以直接拿诊断框架做说明工具。无论是解释现实问题还是概念问题，诊断框架都十分便捷。你可以像地理老师指着地球仪为学生讲解地中海在什么位置一样，指着诊断框架告诉交流对象，这几类基本情况：这样的结构产生了 R1，它现在是这样的情况（也就是现状）；这个产生 R1 的结构，以往是这样运作的（也就是一直以来的做法）；可以实现 R2 的理想的结构应该是这样的（也就是能够实现期望结果的行动）。讲解前两条的时候，可以将现状和预期做对比，以证明必须做出调整，讲解第三条的时候可以用理想结构的做法对比现有做法的不足，综合起来让听者认识到必须解决问题。

在初次使用诊断框架时，很多人会产生这样的疑惑：怎么确定建立哪种诊断框架？应该详细分析整个框架还是深入研究其中的一部分即可？要解答这些疑惑，需要我们对要解决的问题的领域有足够的了解。所谓“让专业的人来做专业的事”，我们不能指望厨师来解决种植的问题。一般情况下，诊断框架在界定问题时已经初露端倪，就隐含在序幕中，专业的人士可以很容易地找出来。

在为问题寻找解决方案的时候，我们可以使用逻辑树。逻辑树，也可以叫作问题树、演绎树、分解树，是一种应用范围十分广泛的解决问题的工具。称作“树”是因为它有和树木外形相似的结构——分层罗列问题，逐层扩展，像一棵大树开枝散叶。

使用逻辑树的时候，你可以把已经知道的问题想象成树干，思考它和哪些子问题、子任务有关系，想到一条就给树干增加一根树枝，注明其代表什么内容。每根树枝可以添加更细的树枝，直到找出和树干相关的所有项目。这时整棵逻辑树就构建出来了。它能帮助使用者理清思路，避免进行重复或无关的努力。

逻辑树将待解决的问题划分成一条条容易操作的细节，它的结构能够确保解决问题的过程是完整的、无遗漏的。使用逻辑树可以清楚地看出什么环节需要优先解决，以便于提出针对性措施，快速地落实下去。

常用的逻辑树可以分为三种类型：议题树、假设树、是否树。这三种逻辑树可以满足我们解决绝大多数问题的需求。它们的结构大同小异，都具有一根主干，主干上延伸出各个枝杈，但是它们的结构和体现的内容各不相同，适用于解决不同类型的问题。

1. 议题树

议题树需要先指出一个主要问题，然后把这个问题进行拆分，形成一组和它存在内在逻辑关系的子议题。在拆分主要问题的时候，需要充分考虑到各种影响因素，它们可能不会直接作用于主要问题，但是需要纳入制定解决方案的过程。议题树最常使用的场合是问题的初期阶段，因为它的形式比较传统，不容易出现遗漏，可靠性高，但是也有实施进程较缓慢的缺陷。

2. 假设树

使用假设树的时候，要先假设出一种解决方案，再利用已经掌握的信息进行验证。这就要求一开始提出的假设必须合乎情理，并且自己掌握的信息足以完成验证工作。假设树的目的是证明假设为真，因为只有假设成立才说明找对了方向，才可能沿着这个思路解决问题。相比于议题树，假设树的实施进程很快，能够提高寻找解决方案的效率。使用假设树的前提通常是我们的头脑中已经有明确的观点，只缺实质性证明了。

3. 是否树

是否树是一种结构更加简单的模式，只需要提出问题，对问题进行是否判断即可。使用是否树的前提是，在进行分析之前，已经具有若干标准方案，如果判断结果为“是”，直接使用对应的方案即可；如果答案为“否”，就展开新一轮判断分析。这就像面前有一扇上锁的门，手中拿着一串钥匙一样，只需一把一把去试，就能找出能开锁的那把钥匙。是否树具有结构简洁、判断迅速的优点，是一种快捷的制定解决方案的形式。

无论是界定问题、建立诊断框架还是构建逻辑树，对于解决问题都具有双层意义，首先解决问题的整套工作由于它们的介入变得条理清晰，使用者能够专注于真正需要解决的问题，把产生问题的原因揪出来，得到最适合的解决方案；此外，更具有实际操作意义的是减少了很多组织思想、组织沟通语言的工作，这几种方法所采用的结构和金字塔结构是相通的，可以很容易地形成具有金字塔结构的文章。

第七章

应用金字塔原理的进一步探索

关于金字塔原理的理论性介绍和应用性介绍，到上一章为止已经基本讲完了，大家可以试着利用所掌握的方法去解决一些实际的问题，感受一下金字塔原理是如何发挥作用的。本章我们将再做一些补充说明，探讨一下金字塔结构的本质，以及找不出明显的金字塔结构时该如何解决问题。

◇ 第一节 金字塔原理的本质

经过前文的介绍，我们看到金字塔结构的应用非常广泛，涉及生活和工作的方方面面。有人可能觉得，它不像一个工具，更像一种思想。这种认识其实非常接近金字塔结构的本质了。如果抛开有些功利的实用价值，对金字塔结构做一番深层次的探究，我们就能发现，它其实是一种组织思想的模式。

有这样一句流传很广的话，世界上有两件事最难：一是把自己的思想装进别人的脑袋，二是把别人的钱装进自己的口袋。相较来说，“把别人的钱装进自己的口袋”虽然不容易，但是只要付出，多多少少总能得到回报；但是改变别人的思想却是一件难于上青天的事情，不但改变别人的思想很难，改变自己的思想也同样不易，不然古人也不会发出“江山易改，禀性难移”的感叹了吧。

那么思想到底能不能改变呢？尤其是对于已经结束青春期，各方面都趋于成熟、稳定的成年人来说，思想是否还有改变的可能？更进一步来说，思想能不能根据人的意愿进行塑造呢？从科学、客观的角度来说，是可以的。人们的思想能够重塑，根本原因在于人类的大脑不是一成不变的，它处于动态的变化中，如果你让大脑持续学英语，它就会越来越擅长英语；如果你让大脑整天充满忧虑，它就会越来越忧虑。无论是正面的技能还是负面的技能，对大脑来说都是“用则进，不用则废”。

众所周知，通过锻炼能塑造肌肉的形状，大脑和肌肉类似，也能通过训练被重新塑造。研究人员发现，经过一定的训练以后，大脑控制相应功能的区域灰质会增加。如果想增强专注力，即使每天只玩上十几分钟舒尔特表格（一种训练注意力的表格游戏），也能产生效果。

同理，如果你想锻炼自己的思维能力，也可以学习一些科学的方法，持续进行训练。金字塔原理就是一种对重塑思维具有积极效果的训练。

我们知道无论是写作、沟通还是解决问题，根本上还是思维运作的结果。使用金字塔原理调整思维模式，丰富、组织自己的思维，才是我们学习金字塔原理的深层收获。

◇ 第二节 缺乏明确结构时如何解决问题

在谈到如何解决问题时，我们用到了很多种结构，解决问题的过程，就是找出结构中导致非期望结果的因素的过程。如果分析到最后，确定是结构里的问题导致了我们不想看到的结果，对结构进行相应调整即可。但是有时候我们会遇上令人费解的局面——我们无法找出明确的结构，所以难以弄清楚结果。造成这种局面的原因大致有三种：使用了一种不存在的结构，例如在时间机器创造出来之前，它的结构就是不存在的；使用的结构没有具体形式，例如大脑能够针对种种现象分析出结果但是难以抓到形式；使用的结构无法解释结果，例如经典的“两个铁球同时着地”的故事，亚里士多德所说的“重的物体比轻的物体下落速度快”就无法解释两个铁球同时着地。

这几种情况我们统称为无结构情况。但是无结构不代表没有解决办法，我们可以使用一种更高层的思维方法来帮忙，它和我们已经了解的推理过程在一定程度上具有相似性。我们将介绍的这种方法源于“外展推理”。

“外展”的概念是由美国逻辑学家、实用主义创始人查尔斯·桑德斯·皮尔士（Charles Sanders Peirce）率先提出的，初衷是用以描述解决问题的方案。用于解决问题时，外展推理和演绎推理、归纳推理在思维上有相似性，它有两种应用形式：分析性外展推理、科学性外展推理。

分析性外展推理

皮尔士指出在推理的过程中必然涉及三个因素：规则、情况、结果。规则的涵盖范围很大，可以看作我们对于世界组织方式的认识；情况指的是现实中已经存在的事实；结果指的是，将规则叠加于情况，将会发生的事情。

是采用演绎推理、归纳推理还是外展推理，取决于已知的因素和推理的起点。我们来分别看一下三种推理是如何运作的：

演绎推理：

规则：如果不认真学习，成绩必然下降（如果A必然B）

情况：没有认真学习（A）

结果：成绩下降（B）

归纳推理：

情况：不认真学习（A）

结果：成绩下降（B）

规则：成绩下降的原因可能是不认真学习（如果A则可能B）

外展推理：

结果：成绩下降（B）

规则：成绩下降通常是因为没有认真学习（如果A则会B）

情况：查看是否认真学习了（可能A）

解决问题的通用思路就是认识现状（R1），了解背景状况，查找导致现状的原因（规则），并且验证是否找到了（情况）。这个过程和外展推理的过程很相似。因此遇到棘手的问题时，可以尝试轮流使用演绎推理、归纳推理、外展推理。

科学性外展推理

外展推理的另一种形式是科学性外展推理。我们在前文介绍过通过提出假设、设计实验、验证假设来解决问题的方法，科学性外展推理的过程和这种方法类似，但是有一个本质性的区别。我们之前介绍的方法，使用前提是我们知道什么样的结构导致了结果，但是科学性外展推理面对的是未知领域，研究者不知道将面对或发现什么结构。简单来说，我们是根据两个已知项推导一个未知项，而科学性外展推理则是已知一项，需要创造第二项，并推导出第三项。

科学性外展推理的过程一般是这样的：先提出一个能解释结果的假设结构；设计一项实验来验证假设（可能是排除也可能是证实）；开展实验，获得实验结果；重复这个过程，对分支或后续内容做出假设，验证其他可能性。整个过程和科学探索未知的尖端领域十分相似。

科学性外展推理的关键在于提出假设和设计实验。科学、合理的假设不是从天上掉下来的，而是经过对现实的充分调查分析以后得出的。例如，在储存声音的设备发明之前，如果有人想把自己听到的声音分享给远方的人听，该从哪些角度入手解决问题呢？一种思路是想办法把远方的人快速带到声源来，一种思路是把声源带到远方去，还有一种思路是把声音保存下来，也许还有其他的思路，但是我们都已经知道最先实现的是哪一种了。

提出假设以后就要设计实验了，这个实验的目的可以是肯定假设，也可以是否定假设。实验的思路大概是这样的：如果假设的结构是真的，接下来应该发生某种情况，这个实验就将来验证这种情况。我们如今享受的许多科学发明的便利，就起源于这样的探索性实验。

通过上面介绍的这些方法，大家不但可以解决令人困扰的问题，还能够培养出更有创造性、更高效的思维，这将成为一份宝贵的人生财富。

结束语

认识金字塔原理的旅程到此就要告一段落了，这段跋涉给你带来了哪些收获呢？如果你是因为写不出优秀的工作文章、整理不出清晰的思路、不知如何展示自己的方案、搞不清楚怎样解决问题而拿起这本书的，此刻这些问题还令你感到困扰吗？你可能会说："我的问题改善很多了。"也可能说："不，我还是有很多疑惑。"其实，有疑惑反而是正常的，这证明你还没有停下求知和探索的步伐。

人工智能之父马文·明斯基（Marvin Lee Minsky）曾经说过一段发人深省的话："如果只用一种方式了解某样事物，你就不会真正了解它。了解事物真正含义的秘密取决于如何将其与我们所了解的其他事物相联系。通过联系，你可将想法内化于心，从各种角度看问题，直至找到适合自己的方法。这才是思考的真谛。"

解决一个问题、熟悉一项工作、学习一种理论也是如此，将这些外来的、陌生的事物融汇于心，真正变成自己思维的一部分、能力的一部分，需要一个艰难的过程，并不是读完一本书就能达到的。这个过程还可能很漫长，需要你不断投入时间和精力。

如果你此刻还在困惑，还在犹豫，最好的解决之道就是马上行动。回想一下你拿起这本书的初衷，如果没有实现，此刻就动起来，为拖延已久的方案写下第一个字，为还躺在计划列表里的报告查找第一份资料。行动的过程肯定很辛苦，但是你应该对自己有信心，世界终将回报你的付出。

图书在版编目（CIP）数据

金字塔原理 / 吴峥著 . -- 南京 : 江苏凤凰文艺出版社 , 2021.2
ISBN 978-7-5594-5458-4

Ⅰ . ①金… Ⅱ . ①吴… Ⅲ . ①管理学 – 通俗读物
Ⅳ . ① C93-49

中国版本图书馆 CIP 数据核字 (2020) 第 238755 号

金字塔原理

吴峥 著

责任编辑　王昕宁
特约编辑　苟新月　刘玉瑶
装帧设计　苏　涛
责任印制　刘　巍
出版发行　江苏凤凰文艺出版社
　　　　　南京市中央路 165 号，邮编：210009
网　　址　http://www.jswenyi.com
印　　刷　北京永顺兴望印刷厂
开　　本　880 毫米 ×1230 毫米 1/32
印　　张　7
字　　数　135 千字
版　　次　2021 年 2 月第 1 版
印　　次　2021 年 2 月第 1 次印刷
书　　号　ISBN 978-7-5594-5458-4
定　　价　39.80 元